Thomas Kanger · Wer erschoß Olof Palme?

W0061506

Thomas Kanger

Wer erschoß Olof Palme?

Polizeifahndung auf Abwegen

Aus dem Schwedischen von Robert Bohn

CIP-Kurztitelaufnahme der Deutschen Bibliothek

Kanger, Thomas:

Wer erschoß Olof Palme: Polizeifahndung
auf Abwegen/Thomas Kanger.–
Aus d. Schwedisch. von Robert Bohn
Kiel: Neuer Malik-Verlag, 1988.
Einheitssacht.: Mordet på Olof Palme (dt.)
ISBN 3-89029-029-9

© Thomas Kanger 1987
Titel der schwedischen Ausgabe: Mordet på Olof Palme
Ordfronts förlag, Stockholm
Copyright der deutschen Ausgabe:
© 1988 by NEUER MALIK VERLAG Kiel
Alle Rechte vorbehalten
Satz: Utesch Satztechnik Hamburg
Druck: Plambeck & Co Neuss
Printed in Germany
ISBN: 3-89029-029-9

Inhaltsverzeichnis

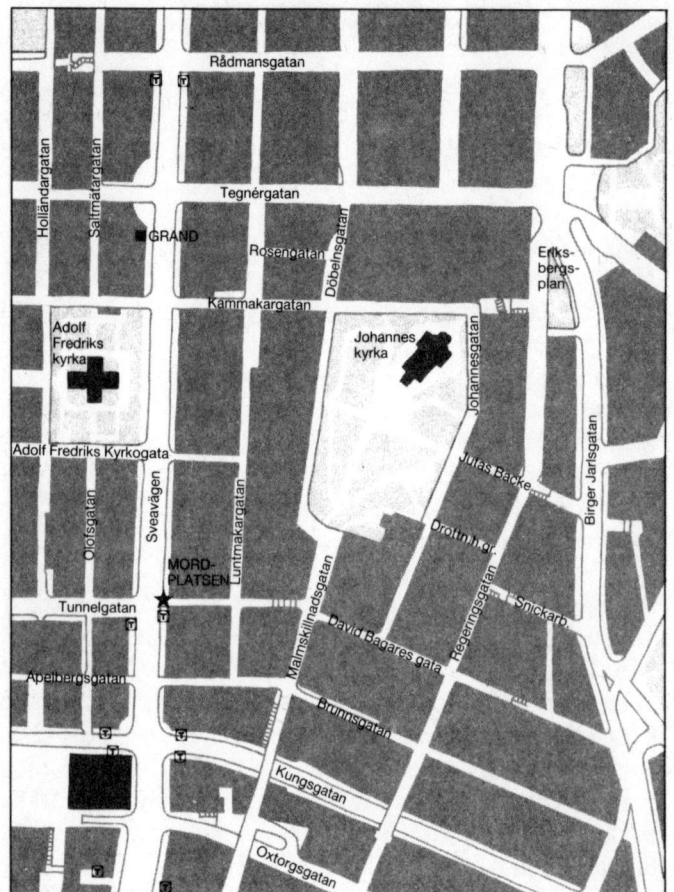

Erratum

Der Sveavägen, auf dem Olof Palme am 28. 2. 1986 ermordet wurde, erscheint im vorliegenden Text zum Teil als „Sveavägan", ein bedauerlicher Satzfehler, der aus Zeitgründen nicht mehr korrigiert werden konnte.

Vorwort

Dies ist ein Buch über einen Mord; einen Mord ohne Mörder und ohne Mordopfer; denn den Mörder Olof Palmes haben weder ich noch die Polizei gefunden, und die Person Olof Palme kommt im Text nur als ein Mensch auf dem Weg in seinen Tod vor. Dieses Buch handelt nur von dem Verbrechen und der polizeilichen Untersuchung.

Ich habe die Ermittlungen im Mord an Olof Palme seit den ersten Tagen verfolgt, seit dem Augenblick, als eine Stimme im Radio gegen 1.50 Uhr in der Mordnacht berichtete, der Staatsminister Schwedens sei ermordet worden. Abgesehen von dem lähmendem Gefühl während der ersten Minuten, das mich angesichts des unerhörten Geschehens beschlich, sind meine Reaktionen dem Mord gegenüber beruflicher Natur gewesen. Das Verbrechen weckte bei mir eine enorme Neugier: Wer ist der Mörder, und warum schoß er auf Olof Palme? Aus den folgenden polizeilichen Ermittlungen erwuchsen neue Fragen: Ist der festgenommene 33jährige Schwede wirklich in den Mord verwickelt? Was ist von den Behauptungen über die kurdische Befreiungsorganisation PKK zu halten? Will Bezirkspolizeichef Holmér das Rätsel um den Mord überhaupt lösen? Wird bei den Ermittlungen in Wahrheit ein politisches Spiel getrieben, dessen Hintergründe wir noch gar nicht überblicken können?

Vor dem Hintergrund dieser Fragen ist der Mensch und der Politiker Olof Palme für mich uninteressant – sofern nicht die Bedeutung seiner Person Antworten für die

Frage liefert, *warum* er umgebracht wurde. Sollen andere über sein Lebenswerk schreiben.

In dem jetzigen Stadium ist es mir auch egal, welche Konsequenzen eine eventuelle Lösung dieses Mordfalles haben kann; mag der Täter ein Schwachsinniger gewesen sein, ein politischer Terrorist, einer mit persönlichen Motiven oder jemand, der von irgendeinem Geheimdienst ausgesandt wurde – wenn ich es nur herausbekomme.

Auf diese Frage, die wichtigste Frage, wer der Mörder ist, weiß auch ich keine Antwort; am Schluß des Buches versuche ich, mich analysierend an diesen Punkt heranzutasten, indem ich der Frage nachgehe, in welchen Kreisen der Mörder gesucht werden könnte. Auf andere Fragen hingegen kann ich Anworten geben.

Einige Hinweise möchte ich dem Leser an dieser Stelle geben; sie betreffen die Handhabung von den Namen der Personen, die in meiner Darstellung der polizeilichen Ermittlungen vorkommen. Die Zeugennamen ersetze ich durchgängig durch einen Buchstaben; z.B. „Zeuge S.", oder bei mehrmaligem Vorkommen nur „S.". Er steht für den Anfangsbuchstaben des Vor- oder Nachnamens.

Hiervon mache ich einige Ausnahmen: Für den Hauptzeugen und seine Verlobte verwende ich fingierte Namen, „Martin" und „Eva".

Den zu einem frühen Zeitpunkt des Mordes verdächtigten „33jährigen" nenne ich „Rune". Vier Personen, zu denen die sogenannte Hauptspur in die kurdische Organisation PKK führt, nenne ich „Yusuf", „Aydin", „Delil" und „Ibrahim". Die Polizisten, die die Ermittlungen entweder auf der Straße oder am Schreibtisch durchgeführt haben, nenne ich in der Regel mit beiden Namensinitialen, z.B. „Kriminalinspektor B. W.". Polizisten in führenden Positionen, ebenso Staatsanwälte, Anwälte, Politiker und Personen in anderen entscheidenden Funktionen nenne ich mit Titel und vollem Namen.

Für die Arbeit an diesem Buch habe ich sowohl schriftliche als auch mündliche Quellen herangezogen. Ich habe alles gelesen, was es meines Wissens an öffentlichen Akten und Berichten gibt, sowie auch mehrere als geheim eingestufte Dokumente. Ich habe mit den Hauptzeugen in der Ermittlung gesprochen: mit Staatsanwälten, Anwälten, Polizisten und den von der Polizei der Tat verdächtigten Personen. Da ich natürlicherweise meine Gesprächpartner schützen muß, gebe ich hier keine Quellenangaben. Das ist sicherlich ein Mangel, denn hierdurch wird dem Leser die Kontrolle meiner Ausführungen erschwert. Der Leser soll jedoch wissen, daß ich mich in den allermeisten Fällen nicht damit zufrieden gegeben habe, nur eine Quelle für die einzelnen Aussagen heranzuziehen, sondern daß ich große Anstrengungen unternommen habe, die Angaben zu kontrollieren. Diejenigen, die ich aus verschiedenen Gründen als nicht ganz glaubwürdig betrachte, habe ich unberücksichtigt gelassen. In den Fällen, in denen ich Hypothesen formuliere oder wo ich eigene Schlüsse ziehe, gebe ich das deutlich an.

Die Überprüfung der Fakten gilt auch für die Passagen im Buch, die drei der vier Teile des Buches einleiten. Diese Darstellungen beruhen auf Aussagen, die zum einen der wichtigste Mordzeuge in der Ermittlung, zum anderen der „33jährige" und die verdächtigten Kurden mir gegenüber gemacht haben. Sie haben den Charakter von persönlichen Erlebnissen, die ich jedoch nicht einfach ungeprüft wiedergegeben habe.

Viele Menschen, die mit den Ermittlungen im Mord an Olof Palme zu tun hatten, haben sich die Zeit genommen, mir bei diesen Überprüfungen zu helfen. Ich danke ihnen dafür. Darüber hinaus möchte ich vor allen Dr. Eva Bergqvist aus Kolbäck danken. Sie stellte ihre eigenen Recherchen über den Palme-Mord an, ganz unabhängig von den meinen. Aber die Angaben, die sie mir insbesondere vor dem Zustandekommen des Buches gemacht hat, waren unschätzbar, und ohne sie hätte ich diese Arbeit schwerlich ausführen können.

Ich möchte ebenfalls den Kollegen danken, die mir mit Material und Informationen zu einzelnen Teilen der Untersuchung großzügig geholfen haben: Stefan Borg, Reporter beim „Aftonbladet"; Peppe Engberg, freier Journalist; und Jan Guillou. Dank gilt auch meiner Frau, der Journalistin Eva Kanger, die wichtige Anregungen zu Form und Inhalt des Buches gegeben hat.

Västerås, den 10. September 1987

Thomas Kanger

I
Das Verbrechen

1. Kapitel
Der Zeuge

Am selben Abend hatten sich ihre Wege schon einmal gekreuzt. Es war ein Zusammentreffen, das Martin viel später noch schaudern lassen sollte. Olof und Lisbet Palme waren ein Stück auf der Stora Nygatan in Richtung U-Bahnstation „Gamla stan" gegangen. Nur sieben bis acht Minuten später gehen Martin und seine Begleiter auf derselben Straße und in gleicher Höhe, wenn auch in die andere Richtung.

Es ist zehn Minuten vor neun am Freitagabend. Eine halbe Stunde früher waren Martin und seine Verlobte Eva von zu Hause aufgebrochen. Sie waren mit dem Auto Richtung Norden durch die Stadt gefahren, zur Vulkanusgatan weit hinter dem Norra Bantorget, um zwei Freunde abzuholen, mit denen sie den Rockclub „Kaos" auf der Stora Nygatan 21 besuchen wollen.

Martin hatte die ganze Woche mit einer Erkältung im Bett gelegen, es war sein erster fieberfreier Tag, und er fühlt sich noch immer etwas schwach. Der Abend soll nicht allzu spät werden, da Eva am nächsten Morgen zur Arbeit muß. Martin freut sich, wieder einmal in den Club gehen zu können. Ein Bekannter von ihm ist Musiker in der Band, die im „Kaos" spielen wird, und es ist schön, ausnahmsweise nur zuhören und sich entspannen zu können. Martin spielt oft selbst; denn er ist Freelance-Musiker mit vielen abendlichen Engagements. Auch die Tage sind mit Musik ausgefüllt; er unterrichtet das Fach an der Schule.

Die Band ist nicht herausragend, spielt heiteren Rock

und Blues. Martin fühlt sich ein wenig unwohl, er ist mehr als zehn Jahre älter als die meisten Anwesenden. Martins Freunde trinken mehrere Gläser Starkbier und lassen einen kleinen Rausch in ihre Köpfe steigen. Eva begnügt sich mit einigen Bieren, Martin hält sich an Limonade und Kaffee.

Man bricht frühzeitig auf, um viertel vor elf; die Freunde wollen in einem Restaurant weitermachen, doch Martin und Eva wollen nach Hause. Aber vorher möchten sie noch Geld abheben, die Freunde für ihren Restaurantbesuch und Martin und Eva für verschiedene Einkäufe am folgenden Samstag. Bereits auf dem Weg zum Club hatten sie aus verschiedenen Geldautomaten Geld zu bekommen versucht, aber alle waren verschlossen gewesen. Nun gilt es, einen Automaten zu finden, der noch geöffnet ist.

Martin fährt vom Kornhamnstorg in der Altstadt, wo das Auto geparkt war, auf Skeppsbron entlang. Vorbei am Königlichen Schloß und der Oper und dann auf der Regeringsgatan in Richtung Norden. Sie kurven durch die Straßen auf Norrmalm auf der Suche nach einem unverschlossenen Geldautomaten, aber es ist wie verhext. Martin versucht sich zu erinnern, wo er Automaten gesehen hat. Er fährt auf der Hamngatan Richtung Sergels torg, in das Rondell hinein und dann auf dem Sveavägen nach Norden. An der Kreuzung zur Tunnelgatan ordnet er sich in die Linksabbiegerspur ein und macht eine Kehre. An der Ecke erblickt er ein blaues Schild im Fenster des dort stehenden Geldautomaten. Das bedeutet: geöffnet, also Geld. Er biegt in die Tunnelgatan ein und läßt Eva und die beiden Freunde aussteigen, wendet und stellt das Auto am Straßenrand in Richtung Sveavägen ab. Das Auto parkt direkt auf dem Sensor der Ampelanlage an der Kreuzung, was dazu führt, daß die Ampelsignale mehrere Male umschalten und den Verkehr auf dem Sveavägen stoppen. Martin sieht sich ein wenig unruhig um, da eine Polizeistreife kommen und ihm für sein unzulässiges Parkverhalten einen Strafzettel verpassen könnte. Es ist 17 oder 18 Minuten nach elf Uhr.

Zur selben Zeit, als Martin das Auto am Straßenrand abstellt, sieht er einen Mann den Gehsteig auf der anderen Seite des Sveavägen entlang eilen. Er kommt aus nördlicher Richtung und geht an der Außenseite des dreieckigen Reklamepfeilers vorbei, der nur einen Meter von der Fahrbahn entfernt steht. Der Mann geht zum großen Schaufenster von „Dekorima" und schaut einen kurzen Augenblick auf die ausgestellten Waren des Farbengeschäftes. Dann dreht er sich um. Martin sieht die Gestalt sich gegen das erleuchtete Fenster abzeichnen. Der Mann steht links vom Eingang des Geschäftes, fünf, sechs Meter vom Eckfenster entfernt, das Gesicht dem Straßenverkehr zugewandt. Die rechte Hand steckt in der Manteltasche.

Martins Blicke werden immer wieder zu dem Mann hingezogen. Martin sieht ihn den Sveavägen auf- und abspähen. Er konzentriert sich auf das, was um ihn herum geschieht. Martin hat den Eindruck, daß der Mann auf jemanden wartet. Vielleicht handelt es sich um ein Rauschgiftgeschäft.

Eine Gruppe Männer naht und kreuzt die Tunnelgatan in Richtung Norden und kommt an dem Mann vorbei. Martin bemerkt, daß sie nicht mehr ganz sicher auf den Beinen sind. Unmittelbar darauf gehen einige Mädchen in Richtung Kungsgatan vorbei. Martins Freunde kommen zum Auto zurück und setzen sich auf den Rücksitz. „Schaut euch den Typ dort an", sagt Martin und zeigt auf den Mann, der noch immer mit dem Rücken zum Schaufenster steht, „er wartet auf irgendetwas."

Das Stoplicht schlägt zum dritten, vielleicht auch zum vierten Mal um. Eva steht noch immer am Geldautomaten. Da die Geldausgabe nicht geklappt hat, muß sie ihren Code noch einmal eingeben.

Martin sieht ein Paar Arm in Arm die Straße entlang

kommen, es ist ein Mann und eine Frau. Sie kommen von Norden und gehen ebenfalls an der Außenseite des Reklamepfeilers, nahe der Straße vorbei. Nach ein paar weiteren Schritten passieren sie den Mann am Schaufenster. Kurz darauf löst das Paar seine Umarmung, und die Frau geht ein paar Schritte vor ihrem Partner. Martin schaut direkt auf die Frau. Plötzlich macht der Mann am Fenster einige Schritte auf das Paar zu, und Martin sagt laut zu seinen Freunden auf dem Rücksitz: „Teufel, jetzt schnappt er sich die Handtasche der Frau!"

Der Mann hat die beiden schnell eingeholt. Er ergreift mit der linken Hand die linke Schulter des Mannes, zieht ihn zu sich heran und nimmt gleichzeitig die rechte Hand aus der Tasche. In der Hand hält er einen Revolver. Mit gekrümmtem Arm schießt er zweimal aus naher Distanz. Er drückt den Abzug in rascher Folge. Martin sieht beide Mündungsfeuer. Die beiden Schüsse scheinen direkt in den Rücken des Opfers zu gehen. Die Schüsse hallen laut in der Nacht.

„Der schießt ja!" ruft Martin. Die Freunde auf dem Rücksitz versuchen etwas zu erkennen. Draußen steht Eva immer noch am Geldautomat. Sie erschrickt durch das Krachen der Schüsse, versteht aber nicht, was vor sich geht.

Martin sieht, wie der angeschossene Mann von den kräftigen Schlägen in den Rücken nach vorn geschleudert wird. Die Frau reagiert bereits auf den ersten Schuß und dreht ihren Körper nach links, starrt bestürzt auf den Mann hinab, der auf der Straße liegt. Martin hat den Eindruck, als begreife auch sie nicht, was dort geschehen ist. Der Mörder – es ist Martin klar, daß niemand ein solches Attentat überlebt haben kann – senkt den Arm und stopft den Revolver in die Tasche zurück. Er macht einige Schritte nach vorn und geht zunächst an der Fahrbahnseite des Bürgersteiges um die Frau herum. Er dreht sich um und schaut auf sein Opfer. Dann geht er langsam zurück. Die Frau macht einen Schritt auf den Toten zu und kniet vor ihm nieder. Der Mörder geht ruhig um das Paar herum und verläßt gemächlich den Tatort. Kurz darauf fällt er in einen leichten Laufschritt und verschwindet in die Gasse, in Richtung der Treppen der Tunnelgatan. Er nimmt die linke Treppe und oben angekommen, verschwindet er aus Martins Blickfeld.

2. Kapitel
Der Mord

Als Staatsminister Olof Palme am Abend des 28. Februar 1986 an der Kreuzung Sveavägen/Tunnelgatan im Zentrum von Stockholm ermordet wurde, befanden sich etwa 40 Menschen in der näheren Umgebung. Circa 25 von ihnen haben Beobachtungen gemacht, die mit dem Mord zusammenhängen könnten.

Doch Martin ist die einzige Person, die den ganzen Ablauf des Ereignisses gesehen hat – von dem Zeitpunkt, da der Mörder an den Ort des Verbrechens kam, bis zu dem Augenblick, da er in der Gasse verschwand, nachdem er auf Olof Palme geschossen hatte.

Eine weitere Person sah den Mord – es ist der Zeuge B., der hinter Olof und Lisbet Palme herging. Die weiteren Personen sahen nur Teile des Ereignisses. Sie wandten sich um, nachdem sie den ersten Schuß gehört hatten, und sahen den Rauch des zweiten Schusses. Nur Martin beobachtete also das ganze Ereignis. Er richtete von dem Augenblick an seine Aufmerksamkeit auf die drei Hauptpersonen, als der Mörder zu handeln begann – als dieser seinen Platz am Fenster von „Dekorima" verließ und auf Olof Palme zuging. Martin wird sowohl von der Polizei als auch von der Staatsanwaltschaft als der wichtigste Zeuge in der gesamten Ermittlung angesehen. Die ihm eigene Nachdenklichkeit hat die Glaubwürdigkeit seiner Angaben erhöht. Aber trotz allem ist in jeder Zeugenaussage, die zu einem Verbrechen gemacht wird, eine Unsicherheit enthalten: Der Zeuge kann sich falsch erinnern, der Zeuge kann unbewußt Sachen rekonstruieren, die er nur glaubt, gesehen zu haben. Die absolute Wahrheit kann kein Zeuge gewährleisten. Das muß der Leser stets beachten.

Martins Zeugenaussage gibt in mehreren Punkten eine andere Darstellung des Mordes, als bisher bekannt war. Er selbst hat noch nicht – mit Ausnahme eines knappen Interviews in einer Abendzeitung – öffentlich darüber berichtet, was er damals sah. Natürlich hat ihn die Polizei vernommen. Das erste, richtige Verhör wurde rund eine Woche nach dem Mord geführt. Martin wurde dreimal von jeweils anderen Polizisten vernommen, zusammen genommen rund drei Stunden. Zusätzlich befragte man ihn eingehend während einer Rekonstruktion der Ereignisse am Tatort. Die Staatsanwälte meinen, daß das Verhör der Polizei gut durchgeführt worden sei. Meine Gespräche dauerten jedoch zusammengerechnet acht Stunden bei drei verschiedenen Treffen mit Martin, bevor ich alle Details über den Mord erfahren hatte. Die Polizei hat wesentliche Teile seines Berichtes einfach vernachlässigt.

Denn was ist es eigentlich, was Martin gesehen hat? Seine Beobachtungen müssen in einen größeren Rahmen gestellt werden. Ich will berichten, was an dem besagten Abend passierte, bevor der Mord geschah.

Olof und Lisbet Palme verlassen ihre Wohnung in der Västerlånggatan Nr. 31 in der Altstadt gegen 20.40 Uhr. Der Staatsminister und seine Frau sind unbewacht – die Leibwächter waren von Olof Palme bereits um 10.45 Uhr am Vormittag entlassen worden. Das Ehepaar Palme will zusammen mit dem Sohn Mårten und seiner Freundin Ingrid ins Kino gehen. Sie schlendern durch die Gassen der Altstadt zur U-Bahnstation, von wo sie drei Stationen nach Norden zur Rådmansgatan fahren. Sie gehen dann ein kleines Stück in Richtung Süden zum Kino „Grand" am Sveavägen. Olof Palme reiht sich in die Schlange vor der Kasse ein und erhält zwei Karten in der achten Reihe.

Der Sohn und die Freundin haben Karten vorbestellt und sitzen in einer anderen Reihe. 206 der 262 Plätze des Kinos sind besetzt. Der Film, „Die Gebrüder Mozart" von Suzanne Osten, beginnt um 21.15 Uhr und endet um 23.04 Uhr.

Etwa zehn Minuten nach 23 Uhr sind Olof und Lisbet Palme wieder draußen auf der Straße. Zwei Minuten später trennen sie sich von Mårten und Ingrid an der Kreuzung Sveavägen/Kammakargatan. Das Paar schlendert daraufhin auf der westlichen Seite des Sveavägan in Richtung Süden. An der nächsten Kreuzung, zur Adolf Frederiks kyrkogata, wechseln sie auf die andere Straßenseite. Lisbet Palme will in das Schaufenster der Boutique „Saris" schauen, die sich auf der anderen Seite des Sveavägan befindet. Danach geht das Ehepaar Palme die restlichen 150 Meter zur Kreuzung Tunnelgatan, wo Olof Palme erschossen wird. Die Tatzeit ist 23.21 Uhr.

Martin hat sein Auto am Fahrbahnrand der Tunnelgatan bereits drei bis vier Minuten vor dem Mord abgestellt. Dieser Zeitraum kann mit Hilfe zweier Anhaltspunkte geschätzt werden: einerseits anhand der Zeit, die seine beiden Freunde benötigen, um das Geld aus dem Geldautomaten zu holen und sich wieder in das Auto zu setzen, zum anderen dadurch, daß die Ampel an der Straßenkreuzung mehrere Male zwischen Grün und Rot wechselt; weil Martin selbst das Umspringen verursacht, entging diese Tatsache nicht seiner Aufmerksamkeit.

Beinahe im selben Augenblick, in dem Martin das Auto am Fahrbahnrand abstellt, kommt der Mörder zur Straßenkreuzung. Der Mann steht also mehrere Minuten dort und wartet auf den Staatsminister. Er kommt von Norden, genau wie das Ehepaar Palme. Das bedeutet, daß er sie mit großer Wahrscheinlichkeit vom Kino her verfolgt hat. Eine der Theorien der Polizei über den Mord – daß eine große Bande im voraus Schützen in den Straßen um das

Kino herum plaziert haben soll und daß einer von diesen an der Kreuzung Sveavägan/Tunnelgatan postiert worden sei – bricht damit zusammen.

Martin sieht den Mörder schräg über den Gehsteig gehen. Er passiert an der Fahrbahnseite den dreieckigen Reklamepfeiler, der rund zwölf Meter von der Straßenkreuzung entfernt steht. Der Pfeiler steht sehr nahe an der Fahrbahn, und man kann sich zwei Erklärungen dafür denken, warum der Mörder so nahe am Fahrbahnrand geht: entweder hat er gerade den Sveavägan überquert und das Ehepaar Palme das letzte Stück von der anderern Seite der Straße aus beschattet; oder er ist deshalb so weit an der Außenkante des Gehsteiges gegangen, um zu vermeiden, daß er von entgegenkommenden Passanten gesehen wird.

Der Mörder postiert sich so, daß er das Ehepaar Palme am Fenster von „Dekorima" zwischen dem Eingang zum Geschäft und dem Tor zu Sveavägan 42 erwartet. Das ist fünf bis sechs Meter vom Eckfenster entfernt, wo allen anderen Beschreibungen zufolge der Mann gestanden haben soll. Dieser Unterschied ist bedeutungsvoll: Vom Standort des Mörders am Fenster gibt es keine Möglichkeit, in die Gasse (den erste Teil der Tunnelgatan) hineinzublicken, wohin der Mörder später fliehen wird. Dieser Fluchtweg ist als ideal zu betrachten, weil er die Verfolgung mit einem Auto unmöglich macht. Am Anfang der Gasse befindet sich eine steile, hohe Treppe mit 89 Stufen. Um in diese Gasse hineinsehen und auf diese Weise beurteilen zu können, ob sie als Fluchtweg geeignet ist, muß man bis an die Ecke vorgegangen sein. Das tat der Mörder nicht.

Erst nach einigen Minuten kommen Lisbet und Olof Palme an die Stelle, wo der Mord stattfinden wird. Sie haben sich verspätet, weil sie vorher noch kurz in ein Schaufenster geschaut haben. Auch sie gehen wie der Mörder an der Außenseite des Reklamepfeilers vorbei. Vielleicht gehen sie deshalb an der Fahrbahnseite des Gehsteiges, weil sie der Gruppe Männer ausgewichen sind, die Martin kurz vorher „rund unter den Füßen" am Tatort vorbeigehen gesehen hat.

Als das Ehepaar Palme am Mörder vorbeikommt, geht dieser entschlossen auf Olof Palme zu. Er erreicht ihn auf der Höhe des Eckfensters von „Dekorima". Er nimmt die Waffe aus der rechten Tasche, legt die Hand auf Olofs linke Schulter und zieht ihn zu sich heran, bevor er schießt.

Zwei Zeugen geben an, sie hätten gesehen, daß das Ehepaar Palme „Kontakt" mit dem Mörder hatte, unmittelbar bevor Olof Palme erschossen wurde. Es ist der Zeuge B., der der Gruppe Männer angehörte, die unmittelbar vorher am Tatort vorbeigekommen war. Die Männer waren auf einem Firmenfest gewesen und B. steht etwas unter Alkoholeinfluß, ohne jedoch betrunken zu sein. Den größten Teil des Alkohols hatte er vor 18 Uhr abends getrunken, nämlich während der „happy hour" eines Restaurants, in der die Getränke zum halben Preis verkauft werden. B. ist im übrigen ein Mensch, der in geordneten Verhältnissen lebt, ist also kein „Alkoholiker", wie ihn die Polizei intern bezeichnete.

B. hatte sich etwas weiter oberhalb am Sveavägen von seinen Freunden verabschiedet und war zurückgegangen. Deshalb gelangte er nahe hinter das Ehepaar Palme und wurde so Zeuge des Mordes. B. gibt an, daß der Mörder „Olof umfaßte".

Der andere Zeuge ist der Taxifahrer D.; er meint gesehen zu haben, daß der Mörder sogar mit Olof und Lisbet Palme sprach, bevor der erste Schuß abgegeben wurde. D. sitzt zum Zeitpunkt des Mordes in seinem Auto auf dem Sveavägen in Richtung Süden und wartet an der Kreuzung auf grünes Licht. Er schaut, kurz bevor der Schuß fällt, auf die drei Personen dort auf dem Gehsteig, wendet dann den

Blick von ihnen ab und schaut erst wieder hin, nachdem er den ersten Schuß gehört hat.

Martins Bericht zeigt, daß die Zeugen B. und D. die Situation falsch einschätzen. Es ist wahrscheinlich, daß die Zeugen die Hand des Mörders auf Olofs Schultern als eine vertrauliche Geste auffaßten. Daß Martins Version des Ereignisses vermutlich die richtige ist, wird durch eine einfache Tatsache bekräftigt: Er hat, im Gegensatz zu den beiden anderen Zeugen, seine Aufmerksamkeit voll auf den Mörder und das Ehepaar Palme gerichtet. Daß diese Konzentration auf das Geschehen nicht nachträglich erfunden wurde, wird durch die Tatsache bewiesen, daß er, bevor der Schuß fällt, zu seinen beiden Freunden auf dem Rücksitz sagt: „Teufel, jetzt schnappt er sich die Handtasche der Frau!"

Der Mörder gibt zwei Schüsse auf Palme ab. Hierin stimmen alle Zeugenaussagen überein. Nach der Beschreibung, die die Polizei von dem Ereignis gab, traf die erste Kugel Olof Palmes Rücken und war unmittelbar tödlich. Die zweite Kugel traf Lisbet, durchlöcherte aber merkwürdigerweise nur ihren Mantel und verursachte lediglich eine Schürfwunde auf ihrem Rücken. Martin hält diese Beschreibung für unwahrscheinlich. Beide Schüsse kamen in rascher Folge, und er sieht beide Mündungsfeuer in Olofs Rücken schlagen. Die Schußrichtung ist seiner Meinung nach in Richtung Eckhaus an der südöstlichen Seite von Sveavägan/Tunnelgatan, wo sich ein U-Bahneingang befindet. Der Mörder schießt also „schräg nach links" im Verhältnis zur Südrichtung des Sveavägan. Martin meint, es sei vollkommen unmöglich, daß die zweite Kugel Lisbet überhaupt getroffen haben kann, da sie rechts vom Mörder und von Olof stand. Der Mörder geht ja von hinten auf Olof zu und dreht ihn zu sich nach links, bevor er schießt.

Aber es ist dunkel und Martin befindet sich vierzig Meter vom Mordplatz entfernt und kann aus dieser

Distanz die Schußwinkel schwer beurteilen. Seine Beschreibung über den Verlauf der Schüsse wirft jedoch neue Fragen auf, besonders über die Kugeln, die in der näheren Umgebung aufgefunden wurden. Über diese Kugeln werde ich in einem späteren Kapitel berichten.

3. Kapitel
Der Mörder

Nach den Schüssen herrscht am Tatort eine große Unruhe. Es stehen zu dieser Zeit insgesamt sieben Autos an der Kreuzung Sveavägan/Tunnelgatan. Drei davon sind Taxis. Der Taxichauffeur D. gibt die Meldung über den Mord an die Taxizentrale „Järfälla" durch und diese leitet sie um 23.23 Uhr an die Einsatzzentrale der Stockholmer Polizei weiter, zwei Minuten nach dem Mord. Im selben Taxi sitzen einige junge Leute, die eine Krankenpflegerausbildung haben. Sie eilen nach draußen, um dem angeschossenen Mann – ohne zu wissen, daß es Staatsminister Olof Palme ist – Erste Hilfe zu leisten.

In einem anderen Auto sitzt der Zeuge L.; er reagiert auf den ersten Schuß und glaubt, den Pulverrauch des zweiten Schusses gesehen zu haben. Er steht auf der Mittelspur des Sveavägan in Richtung Süden. Die Stelle des Mordes ist ihm zum Teil durch Straßenschilder verdeckt. Als er sieht, daß Olof Palme stürzt, legt er den Gang ein, wendet auf der Straße und fährt zum Mordplatz. Zugleich löst er mit seinem Autotelefon den Notruf 90 000 aus. Er läßt fünf, sechs oder sieben Rufzeichen ertönen, aber niemand meldet sich.

Der Anruf wurde jedoch in der Notrufzentrale empfangen und ist im Computer von „Televerket" mit der genauen Uhrzeit registriert. Als die Polizei später das Geschehen rekonstruierte, wurde die Zeit berechnet, die L. benötigte, um die Nummer zu wählen. Auf diese Weise wurde der Zeitpunkt des Mordes festgestellt: zwischen 23.21 Uhr und 23.22 Uhr. Es gibt hier einen Interpretationsspielraum; daher ist die Sekundenangabe der Polizei nicht richtig.

Nach dem mißglückten Versuch, die Polizei zu informieren, steigt L. aus seinem Auto aus. Er sieht die Taxis am Ort des Geschehens und glaubt, daß bereits Alarm gegeben worden ist. Aber später muß er immer wieder über seinen mißglückten Telefonanruf nachdenken: Wenn er Erfolg gehabt hätte, wären sicherlich wertvolle Sekunden bei der Jagd nach dem Mörder gewonnen worden. Der Notruf, den der Taxifahrer D. auslöste, ging ja zunächst zur Taxizentrale Järfälla, bevor er die Polizei erreichte. Ein Streifenwagen der Polizei befand sich zum Zeitpunkt des Mordes auf der Malmskillnadsgatan; vielleicht hätte er den Täter fassen können.

Statt dessen sieht L. den Mörder in die Gasse hineinlaufen. L. geht zu Lisbet Palme, legt die Hand auf ihre Schulter und fragt: „Liebe Frau, warum schoß er?" Aber er erhält keine Antwort. Sie starrt ihn nur an. L. sagt mir später, daß er vorher niemals einen solch fassungslosen und unter Schock stehenden Menschen gesehen habe.

Mehrere Leute sehen den Mörder. Der Zeuge L. macht die gleiche Beobachtung wie Martin: Der Mörder verharrt angesichts seiner Tat ungewöhnlich lange am Ort des Geschehens. L. sieht ihn einen kurzen Augenblick und kann seine Jacke ziemlich genau beschreiben. Es ist ein blaues Kleidungsstück, ein älteres, etwas schlotteriges Sportjackenmodell. L. erinnert sich auch noch gut an die Halbschuhe, die der Mörder trug. Er erinnert sich genau an die Knöchel, die zwischen den Halbschuhen und den zu kurzen Hosenbeinen hervorschauen, als der Mörder ruhig in Richtung Gasse davontrabt.

Insgesamt besitzt die Polizei 23 verschiedene Zeugenaussagen über das Aussehen des Mörders. Ich werde 19 von ihnen im Detail wiedergeben. Die übrigen vier sind so vage, daß sie von geringem Interesse sind. Zwei der Zeugenaussagen, diejenigen Martins und des Zeugen L., habe ich bereits dargestellt, so daß die Schilderung 17 Zeugenaussagen umfaßt. Die meisten Zeugen befanden sich in Autos, die auf dem Sveavägan vor dem Stoplicht zur Kreuzung Tunnelgatan standen. Wenn keine andere Angabe über den Ort gemacht werden, gilt für alle Zeugen diese Position.

1. Der Zeuge F: Er befindet sich auf der Straße und macht gerade einen Spaziergang; sieht einen älteren Mann mit blauer Jacke, die bis zu den Oberschenkeln reicht, der dem Ehepaar Palme vor Sveavägan Nr. 56 folgt. (Das ist zwei Querstraßen nördlich vom Tatort). Olof und Lisbet Palme gehen zu dieser Zeit nicht auf dieser Seite des Sveavägan. Entweder hat F. sich im Ort getäuscht, oder F. hat keine richtige Beobachtung gemacht.

2. Der Zeuge H.: Sitzt im Auto in Fahrtrichtung Süden auf dem Sveavägan an der Kreuzung Sveavägan/Apelbergsgatan, unmittelbar südlich vom Tatort. Sieht einen mittelgroßen Mann, mit dunkler Hose und dunkler, „etwas flatternder" Jacke. Der Mann hat „einen dunklen Kopf", möglicherweise trägt er eine heruntergezogene Mütze. Der Zeuge H. sieht den Mord nicht, sondern reagiert erst, als er zwei Schüsse hört.

3. Der Zeuge A.: Sitzt im Auto in Fahrtrichtung Norden auf dem Sveavägan. Sieht einen mittelgroßen Mann mittleren Alters, möglicherweise barhäuptig mit dunklen Haaren. Er ist breitschultrig und trägt einen dreiviertellangen Mantel. A. blickt im Augenblick des Mordes nicht zum Tatort.

4. Der Zeuge S.: Sitzt in Martins Auto auf der Tunnelgatan. Sieht einen Mann mit dunklem halblangen Mantel auf der Tunnelgatan nach Osten davonlaufen.

5. Der Zeuge E.: Sieht nichts vom Mord, sondern spricht hinterher mit Lisbet Palme, die angibt, daß „der Mann eine dunkelblaue Daunenjacke trug".

6. Der Zeuge S.: Ein Taxifahrer, der sich in seinem Auto auf dem Sveavägan in Richtung Norden auf der Abbieger-spur nach links zur Tunnelgatan befindet. Sieht einen mit-telgroßen, „nicht alten" Mann mit dunkler Jacke, „ein eher mittellanges als dreiviertellanges Modell". Der Mann trägt vermutlich eine Mütze.

7. Der Zeuge B.: Geht hinter dem Ehepaar Palme auf dem Sveavägan. Sieht den Mörder von hinten aus „drei Metern Entfernung". Daraufhin bemerkt er, daß die Per-son, die „in der Mitte" geht, niedersinkt. Der Mörder trägt eine dunkle oder dunkelblaue gestrickte Mütze, die mehr-mals zusammengerollt ist, und ein dunkles, mantelähnli-ches Kleidungsstück, das bis zu den Knien reicht. Die Körpergröße ist „wie die Palmes". Der Täter „verschwin-det" in ruhiger Weise in der Tunnelgatan.

8. Der Zeuge D.: Taxifahrer, fährt in Richtung Süden. Sieht einen Mann mit „grauem Herrenhut in die Stirn herabgezogen", in grauem Ulster von schwarzem Ausse-hen. Die Körpergröße liegt zwischen 1,80 m und 1,85 m, sieht das Ehepaar Palme im Gespräch mit dem Täter, bevor die Schüsse fallen. Der Täter flieht, „nicht mit der Geschmeidigkeit eines jüngeren Mannes, sein Schritt ist etwas langsam". D. weist besonders auf die Waffe hin: Sie hat einen ungewöhnlich langen Lauf „vom Typ Colt".

9. Der Zeuge C.: Fahrgast in D.'s Taxi. Sieht einen 35-45jährigen Mann, der zwischen 1,75 m und 1,85 m groß ist. Der Mann trägt einen dunklen Mantel, der bis 10-15 cm über die Knie reicht, eventuell ein Lodenmantel. Er ist „vom Scheitel bis zur Sohle" dunkel gekleidet, auch auf dem Kopf. Trägt möglicherweise eine Sportmütze. Der Körperbau ist „normal".

10. Der Zeuge S.: Fahrgast in D.'s Taxi. Sieht einen Mann in dunklem, langem Mantel oder Jacke, die bis zu den Knien reicht. Das Kleidungsstück flattert, als er in die Tunnelgatan davonläuft.

11. Der Zeuge H.: Fahrgast in D.'s Taxi. Sieht einen mittelgroßen Mann im Alter zwischen 30 und 40 Jahren. Er trägt eine knielange, dunkle Jacke, die möglicherweise braun, schwarz oder grau gewesen sein kann. Wahrscheinlich eine dunkle Hose, eventuell Handschuhe. Das Haar ist dunkel, glatt und kurz geschnitten. Glaubt, daß der Mann die Mordwaffe in der Tasche auf der linken Seite der Jacke verstaute.

12. Der Zeuge J.: Mitfahrer im Auto des Zeugen L. Sieht einen Mann von mehr als 180 cm Größe, circa 40 Jahre alt. Schwarzhaarig und barhäuptig, mit dunklen Kleidern. Der Mantel ist „mindestens knielang" und flattert, als er in der Gasse davonläuft. Die Bewegungen sind geschmeidig.

13. Der Zeuge R.: Geht auf dem Sveavägan in Richtung Norden, hat gerade die Tunnelgatan passiert, als die Schüsse in rascher Folge fallen. Sieht einen Mann in dunklem Mantel, der über die Hälfte der Oberschenkel reicht und um die Beine flattert, als der Mann davonläuft.

14. Der Zeuge K.: Geht zusammen mit dem Zeugen R. Sieht einen Mann in dunkler Kleidung.

15. Der Zeuge N.: Geht auf der David Bagares gata, unmittelbar westlich von der Johannesgata (auf dem Fluchtweg des Mörders). Sieht einen etwa 35–45jährigen Mann vorbeilaufen. Der Mann ist 1,75 m bis 1,78 m groß. Trägt einen dunklen, vermutlich schwarzen, knielangen Mantel, der aufgeknöpft ist und flattert. Darunter eventuell ein dunkles Hemd. Nimmt wahrscheinlich wahr, daß das Kinn des Mannes hell ist. In der Hand hat er eine 20 x 15 cm große Tasche, mit deren Schließen oder Öffnen er gerade beschäftigt ist. Nimmt weiterhin wahr, daß der Mann die David Bagares gata in östlicher Richtung davonläuft. Er dreht sich zwei bis dreimal um und „wirkt gehetzt". Er läuft jedoch nicht besonders schnell die David Bagares gata hinunter.

16. Der Zeuge J.: Steht auf der Luntmakargatan, gegen-

über den Baubuden auf der Tunnelgatan, als der Mörder vorbeiläuft. Sieht den Mann von hinten, als dieser die Treppen hinaufspringt. Der Mann hat kräftige Schultern und Rücken und trägt eine dunkle Jacke oder Mantel. Der Mann ist mittelgroß und 35 bis 40 Jahre alt. J. läuft hinter dem Täter her, als dieser bereits am Ende der Treppe auf der Malmskillnadsgatan, angekommen ist. Als J. das Ende der Treppe erreicht, trifft er auf den Zeugen N. und fragt, wohin der Mann gelaufen sei. Er erhält die Antwort „er lief geradeaus" (entlang der David Bagares gata). J. sieht daraufhin einen Mann, der sich weiter unten auf der Straße zwischen den Autos bewegt.

Als die Polizei diese Zeugenaussagen analysiert, kommt sie zu folgendem Erscheinungsbild des Täters: Es handelt sich um einen Mann im Alter von 30 bis 40 Jahren, circa 1,80 m groß, dunkelhaarig mit wahrscheinlich kurzem Haar. Er hat einen normalen Körperbau mit eventuell etwas kräftigerer Rücken- und Schulterpartie. Er trägt einen dunklen Mantel oder Parka, ein dreiviertellanges Modell. Dieser flattert, als der Mann läuft. Er trägt eine dunkle Hose und vermutlich ein dunkles Hemd. In der Hand hat er möglicherweise eine dunkle Tasche, 20 x 15 cm groß.

Über eine eventuelle Kopfbedeckung gehen die Zeugenaussagen weit auseinander. Der Zeuge L. sagt, er sei so gut wie sicher, daß der Mann barhäuptig gewesen sei. Zwei Zeugen geben an, daß der Mörder vermutlich eine Sportmütze trug, einer sagt, er habe einen Hut gesehen. Aber vielleicht ist trotzdem Martins Beobachtung die aussagekräftigste, denn er konnte den Mann mehrere Minuten lang beobachten: Der Mörder trug eine gestrickte Mütze des „Jack Nicholson Typs", also eine Mütze, die flach auf dem Scheitel liegt und breit aufgeschlagen ist. Eine ähnliche Beschreibung der Kopfbedeckung gibt der Zeuge B., der hinter dem Ehepaar Palme auf dem Sveavägan ging.

Die Polizei hält bei ihrer Analyse der Zeugenaussagen fest, daß der Mörder „eventuell eine gestrickte dunkle Kappe trug". Aber obwohl der Mörder sich so deutlich zeigte, hat keiner der Zeugen genau sein Gesicht erkennen können. Einige glauben, Teile des Gesichtes wahrgenommen zu haben. Ein Zeuge, ich sehe davon ab, seinen Namen zu nennen, sieht dem Mann dennoch geradewegs ins Gesicht. Dies geschieht aber nur während eines kurzen Augenblicks. Der Zeuge hat keine klare Erinnerung an das Aussehen des Mörders und kann auch keine Details davon beschreiben. Die einzige, ziemlich sichere Beobachtung ist, daß der Mann glatt rasiert gewesen sein muß. Martin, der den Mann während einer relativ langen Zeit beobachten konnte, hat keinerlei Erinnerung an sein Gesicht. Er sah den Mann „im Gegenlicht" der Schaufensterbeleuchtung im Hintergrund.

Die einzige, die das Gesicht des Mörders vermutlich verhältnismäßig gut sah, ist Lisbet Palme. Sie ist der 17. Zeuge in meinem Bericht vom Mordplatz.

Lisbet Palme wird einige Zeit nach dem Mord vom Bezirkspolizeichef Hans Holmér vernommen. Dieser hatte sich bereits am Vormittag des 1. März 1986 gegen alle frühere Gewohnheit zum Ermittlungsleiter in der polizeilichen „Palme-Fahndung" eingesetzt. Diese Aufgabe in einer Mordermittlung kommt normalerweise einem der Kommissare in der Abteilung für Gewaltverbrechen der Stockholmer Polizei zu, eine Dienststellung, die in der Hierarchie fünf oder sechs Positionen unter dem Bezirkspolizeichef liegt. Um sich herum schuf Holmér eine Leitungsgruppe, auch dies eine Neuschöpfung in der polizeilichen Tätigkeit. Hierauf werde ich weiter unten im Text zurückkommen.

Nach Holmérs eigenen Angaben verlief die Anhörung Lisbet Palmes ohne Gegenfragen. Sie wurden Frau Palme gegenüber als unangebracht empfunden.

Lisbet Palme gibt an, daß sie Arm in Arm mit Olof Palme ging. Sie hört plötzlich zwei Schüsse und sieht ihren Mann zusammensinken. Schräg hinter sich bemerkt sie einen Mann in die Tunnelgatan hineinlaufen. Der Mann bleibt stehen und dreht sich zu ihr um. Dann eilt er davon.

Weiterhin sagt sie aus, der Mann habe dunkelbraune Haare und einen kräftigen, kompakten kurzen Hals gehabt. Der Mann trägt eine blaue Jacke, die ihn etwas bullig erscheinen läßt und ihm ein Stück über die Mitte der Beine reichte. Die Hose ist vermutlich grau. Er ist circa 40 Jahre alt und 1,80 m groß.

Nachdem Lisbet Palme das Phantombild der Polizei vom Mörder gesehen hatte, sagt sie, daß der Mörder ein „fülligeres Gesicht" und „gerade" Züge besessen habe.

Auch Lisbet Palme kann also kein klares Bild vom Gesicht des Mörders geben. Und nicht einmal die übrigen Angaben zum „Aussehen des Mörders", die Lisbet Palme macht, geben wahrscheinlich irgendeinen Hinweis auf den Täter. Ihre Beschreibung der Kleidung stimmt nicht, wie der Leser feststellen kann, mit der Beschreibung der übrigen Zeugen überein. Statt dessen gleicht sie aber recht gut der Beschreibung des Zeugen B., des leicht angesäuselten Mannes, der ein Stück hinter dem Ehepaar Palme auf dem Sveavägan gegangen ist.

B. gehörte zu der Gesellschaft, die Martin etwas früher sowohl über die Kreuzung Sveavägan/Tunnelgatan, als auch am Mörder vorbeigehen sah, der am „Dekorima"-Fenster stand und wartete. B. trennte sich dann etwas weiter nördlich von seinen Freunden, kehrte um und befand sich somit direkt hinter dem Ehepaar Palme. Als die Schüsse fielen, sprang B. erschrocken in einen Hauseingang. (Nach der Polizeiversion verschwand B. im Eingang von „Dekorima", also nur einige Meter vom Tatort entfernt. Er selbst gibt an, er habe sich, als die Schüsse fielen, nur drei Meter vom Mörder entfernt befunden. Aber es ist wahrscheinlicher, daß es der Eingang zu Sveavägan Nr. 42 war, in dem B. Schutz suchte, also sieben Meter weiter entfernt. Martin ist sich ganz sicher, daß sich kein Mensch in unmittelbarer Nähe des Mörders und des Ehepaars Palme im Augenblick des Mordes befand. Diese Angabe wird dadurch bekräftigt, daß der Mörder notgedrungen am Eingang von „Dekorima" vorbeigehen mußte, als er seinen „Fensterplatz" verließ und auf Olof Palme zuging. Der Mörder hätte geradezu über B. stolpern müssen, wenn dieser so nahe gewesen wäre.)

Nach den Schüssen kommt B. dennoch aus dem Toreingang hervor und ist einer von denjenigen, die eine Zeitlang irritiert am Tatort herumirren. Lisbet Palme scheint aufgrund des Schocks eine Erinnerungslücke zu haben und beschreibt, als sie angehört wird, statt dessen einen Zeugen, den sie kurz nach dem Mord gesehen hat. Die Annahme, daß es tatsächlich eine Erinnerungslücke war, wird durch ihre Angabe gestärkt, sie habe den Mörder, unmittelbar nachdem er die Schüsse abgegeben hat, „schräg hinter" sich fliehen gesehen, bevor sie sich umdrehen konnte. Alle anderen Zeugen berichten, daß der Mann einen Augenblick lang an seinem Platz stehen geblieben sei.

Mehrere Menschen sehen den Mörder in die Gasse hinein fliehen. Er hat knapp 100 Meter bis zu den Treppen am Anfang der Tunnelgatan zurückzulegen und dann die 89 Stufen bis zu deren Spitze zu nehmen, wo die Malmskillnadsgatan liegt. Auf der Tunnelgatan stehen zu jener Zeit mehrere Baubuden, und der Mörder läuft links an ihnen vorbei. Er nimmt daraufhin die linke von den beiden unteren Treppen. Ein Zeuge, J., steht auf der anderen Seite der Buden, als der Mörder vorbeiläuft. Als der Mörder die Spitze der Treppe erreicht, nimmt J. die Verfolgung auf. Die Verlängerung der Tunnelgatan nach Osten heißt

David Bagares gata. Als J. am oberen Ende der Treppe ankommt, ist der Mörder nicht mehr zu sehen. Er trifft dort den Zeugen N. und fragt ihn: „Wo ist er hingelaufen?" N. antwortet: „Er lief geradeaus" und zeigt in diese Richtung. N. hat einen Mann die Straße überqueren und die David Bagares gata entlanglaufen sehen. J. sah danach einen Mann, der sich „zwischen den Autos bewegte" weiter unten auf der Straße. Ob dieser Mann der Mörder ist oder eine andere Person, weiß niemand.

Die Version über den Fluchtweg des Mörders, die Hans Holmér später präsentierte, lautete wie folgt: „Der Mörder sprang mit hundertprozentiger Sicherheit die Treppen der Tunnelgatan hinauf. Mit neunzigprozentiger Sicherheit lief er auf der David Bagares gata weiter, mit achtzigprozentiger Sicherheit bog er nach links in die Smala gränd ab. Und mit siebzigprozentiger Sicherheit setzte er seinen Weg daraufhin nach rechts auf Snickarbacken fort und verschwand auf der Birger Jarlsgatan."

Aber die letzte Zeugenaussage über Personen, die zuverlässig in Zusammenhang mit dem Mordfall gebracht werden können, ist just die Beobachtung des Zeugen N. über einen Mann, der die David Bagares gata hinunterlief.

Alles andere Gerede über Fluchtwege ist Mutmaßung. Denn der Mörder kann an der nächsten Kreuzung zur Regeringsgatan, also einen Häuserblock oberhalb von Smala gränd, in alle möglichen Richtungen davongelaufen sein.

Hans Holmérs Prozentsätze gründen sich nicht auf irgendwelche Zeugenaussagen. Sie wurden geschaffen, um die Wirklichkeit dem fiktiven Mörder, den zu lancieren Hans Holmér sich entschloß, anzupassen. Eine junge Frau hatte einen Mann auf Smala gränd beobachtet. Sie besaß einiges Zeichentalent und skizzierte am Morgen nach dem Mord das Gesicht des Mannes. Sie selbst bezweifelte jedoch den Wert ihrer Beobachtung: Es war 23.40 Uhr, also 19 Minuten nach dem Mord, als sie den Mann sah. Sie meinte, daß dies sicher eine zu lange Zeit nach dem Mord gewesen sei.

Aber ihre Zeichnung diente als Vorlage für ein Phantombild, das mit Hilfe des Bundeskriminalamtes in Wiesbaden erstellt wurde. Als die Frau das Resultat sah, wuchsen ihre Zweifel immer mehr. Das Bild stimmte überhaupt nicht mit der Zeichnung überein, die sie angefertigt hatte. Unter anderem war die Gesichtsform des „Phantombildes" ganz falsch.

Ihre eigene Einschätzung, daß sie die Beobachtungen zu einem viel zu späten Zeitpunkt gemacht habe, um überhaupt mit dem Mord zu tun haben zu können, scheint plausibel, denn man braucht höchstens drei bis vier Minuten, um im Laufschritt vom Tatort bis zu Smala gränd zu kommen. Demzufolge müßte der Mörder ein gründlich desorientierter Mensch gewesen sein, wenn er so lange nach dem Mord noch in der näheren Umgebung umherirrte.

Hans Holmér beurteilte die Sache auf seine Weise. Um der Bevölkerung ein Bild des Mörders schenken zu können, war er gezwungen, den Fluchtweg des Täters in dieser Richtung zu konstruieren.

Ein entstelltes Bild einer Person, die mindestens 15 Minuten „zu spät" auf einer Straße beobachtet wurde, der eine konkrete Verbindung mit dem Fluchtweg des Mörders fehlte, sollte somit die Vorstellung der Öffentlichkeit und der Zeugen vom Gesicht des Mörders prägen.

4. Kapitel
Der Schatten

Olof Palme wurde von einem einzelnen Mann erschossen. Aber war es ein Einzeltäter oder war der Mörder ein Teil einer größeren Verschwörung? Drei Umstände scheinen auf ein mögliches Komplott hinzuweisen: Zum ersten eine Anzahl Angaben über eine Beschattung Olof Palmes durch einige „mysteriöse Personen" in den Tagen vor dem Mordtag. Zum zweiten, daß nur wenige Außenstehende wußten, daß Olof Palme am Mordabend in das Kino „Grand" gehen würde, was auf eine Beschattung von der Wohnung bis zum Kino hinweist. Und zum dritten die Zeugenaussagen, daß in der Zeit vor dem Mord Männer mit Walky-Talkies mitten in Stockholm gesehen wurden.

Diese Umstände führen dazu, daß Hans Holmér drei Wochen nach dem Mord ein neues Phantombild veröffentlichen läßt. Das Bild ist wieder vom westdeutschen Bundeskriminalamt angefertigt worden, das schon bei der Erstellung des ersten Bildes vom „Mörder" tätig war. Das Gesicht auf dem neuen Phantombild erhält den etwas dramatisch klingenden Namen: der „Schatten". Mit dem „Schatten" legt die Polizei sich darauf fest, daß sie an ein Komplott von mindestens zwei darin verwickelten Personen glaubt. Aber auch diese Holmérsche Schöpfung steht auf keinem festen Grund. Sämtliche Hinweise lassen eine konkrete Verbindung mit Olof Palme vermissen – mit einer Ausnahme: die Beobachtungen, die über eine Beschattung in den Tagen vor dem Mord zirkulieren. Diese Angaben betreffen Männer, die in der Nähe der Wohnung des Ehepaars Palme auf der Västerlånggatan standen, oder „in der U-Bahn mysteriös gewirkt haben". Sich auf der Geschäftsstraße Västerlånggatan gezeigt zu haben oder U-Bahn gefahren zu sein, ist allerdings noch nicht gleichbedeutend mit dem Tatbestand Beihilfe zum Mord. Nichts an diesen Aussagen weist darauf hin, daß die beobachteten Personen etwas mit dem Verbrechen zu tun haben könnten.

Die einzige Zeugenaussage, die einen Zusammenhang mit der Person Olof Palmes ergibt, ist die Beobachtung eines Künstlers, der eine Person am Tag vor dem Mord auf dem Sergels torg rund zehn Meter hinter Olof Palme hergehen sah. Olof Palme war zu diesem Zeitpunkt unterwegs, um Einkäufe zu machen, und ging unter anderem in eine Boutique, um einen Anzug zu kaufen.

Die Erinnerung des Künstlers an das Gesicht des Mannes wurde daraufhin benutzt, daß Phantombild zu entwerfen. Die beigefügte Beschreibung der Physiognomie des Mannes lautet: „Hell und über 1,90 m groß". Eine unmittelbare Überlegung, die sich hieraus ergibt, ist wohl, daß ein Mann von solch imponierender Größe kaum als der Idealtyp für eine diskrete Beschattung des Staatsministers betrachtet werden kann. Ein Indiz dafür, daß die betreffende Person tatsächlich Olof Palme beschattete, gibt es nicht. Außerdem hat niemand anderes diese auffällige Person jemals in der Nähe Olof Palmes gesehen – weder bei früheren noch bei späteren Gelegenheiten.

Der zweite Umstand, der zur „Komplott-Theorie" führte, für die das Phantombild des „Schattens" ein Ausdruck war, ist die Tatsache, daß nur wenige Personen wußten, daß Olof Palme ins Kino gehen würde, und noch weniger, welches Kino er besuchen würde. Denn erst am Abend des Mordes entschloß sich das Ehepaar Palme im Gespräch mit dem Sohn Mårten, sich gemeinsam „Die Gebrüder Mozart" im Kino „Grand" auf dem Sveavägan anzusehen.

Wenn der Mord vorher geplant worden ist, gibt es nur zwei denkbare Erklärungen dafür, wie der Mörder gewußt haben konnte, wo sich Olof Palme aufhalten würde. Die eine Möglichkeit ist, daß der Mörder die Information im voraus erhielt; die andere ist, daß das Ehepaar Palme auf dem Weg von der Wohnung bis zum Kino beschattet wurde.

Hans Holmér klammerte sich an die Beschattungsvariante. Dennoch: Obwohl das Ehepaar Palme die Västerlånggatan bis zur U-Bahnstation „Gamla stan" hinunterging, durch die hell erleuchteten Tunnel und Sperren der Station zum Bahnsteig ging und dort wartete, von dort drei Stationen mit dem Zug fuhr, vom Bahnsteig der Station Rådmansgatan zu den Treppen ging, hinaufstieg und auf der Straße zum Kino schlenderte, und während dieser Fahrt mit einer Menge Menschen zusammenkam, hat niemand auch nur das Geringste von einem Verfolger bemerkt. Das betrifft sowohl das Ehepaar Palme selbst als auch die Menschen, denen das Paar auffiel und die sich darüber freuten, es friedlich in der Stockholmer Nacht spazieren gehen zu sehen.

Der Zeuge S., der an der Sperre der U-Bahnstation „Gamla stan" saß, berichtete einer Abendzeitung, daß ein Mann „mit stierenden Augen" seine Fahrkartenbude kurz nach dem Ehepaar Palme passiert habe. Als ich lange danach mit S. spreche, fügt er hinzu, daß der Mann von kleiner Gestalt gewesen sei. Er zeigt auf eine Frau, die gerade vorbeigeht, und sagt: „Ungefähr so groß." Sein Vergleichsobjekt ist unter 1,60 m groß, folglich kann es weder der Mörder, der als ungefähr 1,80 m groß beschrieben wurde, noch der riesenhafte „Schatten" gewesen sein, den S. gesehen hat. Es gibt keine Anhaltspunkte, die die beobachtete Person mit Olof Palme oder den Tatort in Verbindung bringen. Der Mann war wahrscheinlich ein ganz normaler U-Bahnpassagier unter vielen anderen.

Der Zeuge K., der im selben U-Bahnwagen fuhr wie das Ehepaar Palme, gibt an, daß Olof und Lisbet die einzigen älteren Erwachsenen gewesen seien. Der Rest der Fahrgäste, ungefähr fünfzehn an der Zahl, seien Jugendliche gewesen. Der Zeuge K. und seine Kameraden schauten ebenfalls dem Ehepaar Palme nach, als es auf dem Bahnsteig in Richtung U-Bahnausgang Rådmansgatan davonging. Olof und Lisbet Palme gingen allein. Auch wenn dieser Bahnsteig in der Längsrichtung von dicken Pfeilern in der Mitte geteilt wird, die es erschweren, mehr als die eine Hälfte des Bahnsteiges einzusehen, gibt es auch hier keinerlei Anhaltspunkte für die Vermutung, daß das Ehepaar Palme beschattet wurde.

Der dritte Umstand, der Holmér veranlaßte, die Existenz des „Schatten" zu konstruieren, waren die Hinweise auf Männer mit Walky-Talkies in der Nähe der Mordstätte. Eine ziemlich große Anzahl der Menschen, die sich zur Mordzeit im Stadtzentrum aufhielten, konnten Walky-Talkies bei sich gehabt haben. (Die meisten von ihnen waren wohl Polizisten im Dienst; unter anderem hielten sich elf Rauschgiftfahnder in den Straßen um die Altstadt herum und den Gustav Adolfs torg auf.) In dem einen oder anderen Fall sind die gemachten Angaben über Personen mit Sprechfunkgeräten nicht geklärt worden. Das betrifft unter anderen auch die Aussage über einen Polizisten in Uniform, der auf der Barnhusgatan ein paar Straßen vom Mordplatz entfernt beobachtet wurde. Aber diese Beobachtungen lagen der Holmérschen Komplott-Theorie nicht zugrunde – Beweis dafür ist der einfache Grund, daß er sie niemals aufklären ließ.

Tatsächlich gibt es nur eine einzige Zeugenaussage, die auf die Existenz eines Gehilfen mit Walky-Talky zum Zeitpunkt des Mordes hinweist. Sie wird in Form eines anonymen Briefes abgegeben, der einige Tage nach dem Mord mit dem Poststempel aus Skelleftehamn die Polizei erreicht. Der Verfasser schreibt, daß er oder sie beim Überqueren der Kreuzung Tunnelgatan/Olofsgatan, also einen Häuserblock westlich vom Tatort, einen großen blonden Mann mit „grimmigem Aussehen" stehen sah, der ein Walky-Talky in der Hand hielt. Der blonde Mann soll auf Deutsch in den Apparat gesprochen haben. In einem weiteren Brief schickt der anonyme Zeuge eine Zeichnung des Mannes mit dem Sprechfunkgerät. Als Zeitpunkt der Beobachtung wird 23.23 Uhr angegeben, also zwei Minuten nach dem Mord.

Die Briefe verursachen große Aufregung bei der Polizei. Hans Holmér appelliert mittels Pressekonferenzen an den anonymen Informanten, sich zu erkennen zu geben. Obwohl das nicht geschieht, wird diese Zeugenaussage mit der Beobachtung des Künstlers vom Sergels torg in Verbindung gebracht; zusammen ergeben sie die Voraussetzung für die Theorie von einem Mordkomplott und die Lancierung des „Schatten".

Lange Zeit später schreibt der Briefschreiber der Polizei noch einmal. Er oder sie hält an den früher gemachten Angaben fest, erklärt aber, den eigenen Namen wegen Morddrohungen nicht offenlegen zu können. Das ist eine Behauptung, die angesichts der Tatsache, daß die betreffende Person so stark an ihrer Anonymität festgehalten hat, fragwürdig erscheint. Außerdem ist keiner der anderen Zeugen Drohungen ausgesetzt gewesen. Enttäuscht erklären die Polizeisprecher, daß dies die Glaubwürdigkeit der ersten Aussage des anonymen Zeugen herabsetzt. Aber den Wahrheitsgehalt der Mitteilung über einen deutsch sprechenden Riesen mit Walky-Talky an der Ecke Olofsgatan/Tunnelgatan hätten Hans Holmér und die Fahndungsleitung viel früher überprüfen können. Die einfachste Weise wäre gewesen, die vier Personen zu fragen, die sich ganz in der Nähe des Tatortes befanden; nämlich Martin, Eva und deren beiden Freunde. Martin hatte ja sein Auto auf der Tunnelgatan, unmittelbar westlich des Sveavägan geparkt. Das Auto stand damit zwischen Sveavägan und Olofsgatan. Außerdem hatte Martin unmittelbar vorher den Wagen gewendet und war auf diese Weise nahe an der Olofsgatan vorbeigekommen. Martin hat sicherlich auch öfter nach hinten geblickt, da er falsch parkte und keinem dienstbeflissenen Polizisten in die Hände fallen wollte. Die beiden Freunde befanden sich, unmittelbar bevor der Mord passierte, auf der anderen Seite der Tunnelgatan, um Geld aus einem Geldautomaten abzuheben. Eva stand noch immer auf der Straße, als die Schüsse fielen. Keiner von ihnen hat einen blonden Riesen an der Ecke stehen sehen, oder gar jemanden, der der anonyme Briefschreiber hätte sein können. Um mit Martin zu sprechen: „In der ganzen Zeit, die wir da waren, sahen wir keinen anderen Menschen und auch kein anderes Auto auf unserer Seite des Sveavägan und der Tunnelgatan, weder hinter noch vor uns. Die Straßen waren absolut leer."

Der „Schatten", der zudem das Bild der Öffentlichkeit und der Zeugen vom eventuellen Täter prägen sollte, floß also in eine Komplott-Theorie ein, die sich auf zwei konkrete Zeugenaussagen stützte: Die Beobachtung des Künstlers auf dem Sergels torg über eine Person in der Nähe Olof Palmes und auf die Angaben des anonymen Briefschreibers über einen Mann mit Walky-Talky in der Nähe des Tatortes. Die Beobachtung des Künstlers entbehrt jeglicher Verbindung mit dem Verbrechen und die Angaben des Briefschreibers waren falsch; nachprüfbar falsch. Daß Olof Palme tatsächlich durch ein Komplott von Missetätern ermordet wurde, kann nicht ausgeschlossen werden. Aber ein Beweis hierfür in Form von Fakten oder wahrheitsgetreu wiedergegebenen Beobachtungen fehlten Hans Holmér, als er den „Schatten" zum Gehilfen des Mörders machte.

5. Kapitel
Die Kugeln

Vom Mörder wurden auf das Ehepaar Palme zwei Schüsse abgegeben. Nach der offiziellen Polizeiversion durchschlug die erste Kugel Olof Palmes Körper, während die zweite Lisbet Palme streifte.

Zwei Kugeln wurden auch in der Nähe des Tatortes aufgefunden. Die eine Kugel wurde am Sonnabendmorgen unter einem Abfallkorb auf der gegenüberliegenden Seite des Sveavägan entdeckt, in der Nähe der Kreuzung zur Tunnelgatan und vierzig Meter vom Tatort entfernt. Man nimmt an, daß es sich bei diesem Fund um die Kugel handelt, die Lisbet Palme streifte. Sie ist verhältnismäßig unbeschädigt. Am Sonntag wird eine weitere Kugel gefunden, bei dem Betonpfeiler, der nur rund zehn Meter in Richtung U-Bahneingang vom Tatort entfernt auf dem Gehsteig steht. Man vermutet, daß sie Olof Palme getötet hat. Sie ist stärker deformiert, vor allem an der Bleibasis.

Beide Kugeln wurden von Privatpersonen entdeckt, obwohl die Polizei die ganze Umgebung mit Metalldetektoren abgesucht hatte und auch den Müll und Schmutz, der sich um den Mordplatz herum befand, mit einer Saugmaschine einsammeln ließ. Die aufgefundenen Kugeln sind vom Typ .357 Magnum Metal Piercing. Die Zahl beschreibt das Kaliber der Kugel: circa 9 mm. „Magnum" bedeutet, daß sie mit einer extra starken Pulverladung versehen ist, „Metal Piercing" sagt, daß die Kugel leicht panzerbrechend ist. Sie ist aufgrund ihrer harten kupferummantelten Spitze in der Lage, durch Metall zu dringen. Der Kugeltyp gibt auch Aufschluß darüber, welche Waffe auf das Ehepaar Palme gerichtet wurde. Es muß eine Magnum-Waffe Kaliber .357 gewesen sein. Die Zeugen, die direkt am Tatort waren, konnten zudem bestätigen, daß es sich um einen Revolver (eine Handfeuerwaffe mit rotierendem Magazin) gehandelt habe und nicht um eine Pistole.

Hieraus zog Hans Holmér den Schluß, daß es sich um eine Waffe der Marke Smith & Wesson gehandelt haben muß, ein amerikanischer Waffentyp. Auf einer Pressekonferenz hantierte er mit einem Paar Schmith & Wesson Revolvern vor den blitzenden Presse- und den flimmernden TV-Kameras herum. Das Waffenfabrikat ist jedoch nur eine Vermutung Holmérs, denn es gibt mehrere andere Waffenhersteller, die auch Magnumrevolver produzieren, und Anzeichen darüber, welches Fabrikat der Mörder benutzte, hatte die Polizei nicht.

Die Umstände um den Fund der Kugeln lassen Zweifel daran aufkommen, ob die Kugeln tatsächlich aus der Waffe des Mörders stammen. Zunächst wurden sie viel zu nahe am Tatort gefunden, und insbesondere die Kugel, die Lisbet Palme streifte, hätte viel weiter geflogen sein müssen. Wenn der Fund authentisch ist, müßten die Kugeln mehrfach vom Straßenbelag und den Wänden abgeprallt sein, um genau dort zu landen, wo sie dann aufgefunden wurden. Dann aber hätten sie stärker deformiert sein müssen. Die Tatsache, daß keine der beiden Kugeln bei der methodischen Suche durch die Polizei entdeckt wurde, sondern eher durch einen Zufall, verstärkt die Skepsis. Zudem waren die Kugeln völlig frei von Textilfasern, menschlichem Gewebe und Blut, als man sie daraufhin untersuchte. Diese denkwürdigen Umstände, so meinen die Zweifler, könnten die Vermutung zulassen, daß die Kugeln erst im Nachhinein dort abgelegt wurden.

Um der Wahrheit über die Kugeln näher zu kommen, gehe ich zum Zeitpunkt zurück, zu dem die Schüsse abgegeben wurden. Die von der Polizei stammende Version des Tatherganges sieht folgendermaßen aus: Der Mörder schleicht sich von hinten an Olof Palme heran und schießt ihm aus zwanzig bis dreißig Zentimetern Entfernung in den Rücken. Daraufhin gibt er einen weiteren Schuß ab, der Lisbet Palme trifft, als sie sich zu ihrem sterbenden Mann herabbeugt. Die Entfernung ist hier circa 70 Zentimeter. Die Polizei kann sich jedoch nicht entscheiden, wie der zweite Schuß erklärt werden kann: Ob er ebenfalls für Olof Palme gedacht war und nur das Ziel verfehlte oder ob er Lisbet Palme galt, die ihr Leben fast wie ein Wunder dadurch rettet, daß sie sich genau im Augenblick der Schußabgabe vom Mörder wegbeugt.

Eine gewisse Stütze für die Hypothese, daß Lisbet in dem Augenblick getroffen wird, als sie sich zu Olof hinabbeugt, hat die Polizei in der Aussage des Zeugen S. Er sitzt in seinem Taxi vor der roten Ampel auf der anderern Seite des Sveavägan, auf der Abbiegerspur zur Tunnelgatan. S. gibt an, daß er einen Querschläger auf dem Gehsteig sah („es rauchte"), drei oder vier Meter vom Mörder und dem Ehepaar Palme entfernt. Wenn die Kugel tatsächlich Lisbet Palme galt und auf die Straße prallte, muß der Schußwinkel schräg nach unten gewesen sein und Lisbet sollte getroffen werden, als sie sich zu Olof Palme niederbeugte.

Die Polizei hat aber Martin schlecht zugehört, der immerhin die einzige Person ist, die den gesamten Handlungsablauf gesehen hat. Martin glaubt, daß beide Mündungsflammen in Olofs Rücken schlugen, und er schließt aus, daß der zweite Schuß Lisbet treffen sollte. Noch sicherer ist Martin sich dessen, was nach der Abgabe der Schüsse passierte: Der Mörder geht auf der Fahrbahnseite des Gehsteiges um Lisbet Palme herum, dreht sich um und schaut zu Olof Palme herab, der blutend auf der Straße liegt. Er geht daraufhin in seinen Spuren zurück und umrundet Olof Palmes Füsse, bevor er in Richtung Gasse verschwindet. Lisbet beugte sich erst zu Olof hinab, als der Mörder um sie herumgegangen war, umkehrte und wieder zurückzugehen begann.

Martins Wahrnehmung der Situation entspricht dem gesunden Menschenverstand. Daran, daß die Schüsse in rascher Folge abgegeben wurden, gibt es keinen Zweifel. Lisbet Palme konnte daher niemals in dem kurzen Zeitraum zwischen den beiden Schüssen wahrgenommen haben, daß ihr Mann verletzt wurde, und sich zu ihm hinabbeugen.

Zwei Zeugen, C. und der Taxifahrer S. (der von dem Querschläger auf dem Gehsteig gesprochen hatte), nennen ein wichtiges Detail: Olof Palme fällt auf die Straße nach dem zweiten Schuß. Das bedeutet nicht, daß es die zweite Kugel gewesen ist, die ihn tötete, sondern daß Palme zeitgleich mit der Abgabe des zweiten Schusses fällt. Auf Lisbet Palme kann also unmöglich geschossen worden sein, nachdem sie sich zu ihrem Mann hinabgebeugt hatte. Das bestätigt zudem Martins Wahrnehmung, daß Lisbet noch aufrecht gestanden hat, als der zweite Schuß abgegeben wurde. Der Zeuge S. kann sich hinsichtlich des Querschlägers auf dem Gehsteig geirrt haben, da es sehr dunkel war.

Der Fundort der Kugeln könnte dafür sprechen, daß Martins Wahrnehmung von zwei Schüssen (Mündungsflammen), die direkt in Olof Palmes Rücken schlagen, stimmt. Dann waren die Schußwinkel so, daß die Kugeln beispielsweise am U-Bahneingang oder an der Wand desselben Hauses abprallen konnten und dort landeten, wo sie später aufgefunden wurden. Gegen Martins Beobachtungen sprechen jedoch die medizinischen Befunde über die Verletzungen. Olof Palme ist tatsächlich nur von einer einzigen Kugel getroffen worden: sie durchschlug das Rückrat und die Hauptschlagader und zerfetzte die Speise- und Luftröhre. Gerichtsmedizinischen Experten zufolge, mit denen ich sprach, ist es so gut wie ausgeschlossen, daß zwei getrennt abgegebene Kugeln durch dieselbe Stelle des Körpers dringen, ohne daß dies bei der gerichtsmedizinischen Untersuchung entdeckt würde. Erfahrungen über einen solchen Fall gibt es nicht; Tatsache ist, daß von zwei Kugeln, die auf diese Weise abgeschossen werden, immer zwei Löcher entstehen.

Ebenso klar ist, daß eine Kugel Lisbet Palme getroffen hat. Sie drang an der linken Schulter durch ihren Mantel, durchschlug das Futter des Mantels und drang an der rechten Schulter des Mantels wieder heraus. Das Eintrittsloch liegt etwas tiefer als das Austrittsloch. Auf Lisbets Rücken hat die Kugel eine Schurflinie hinterlassen.

Dies läßt die Schlußfolgerung zu, daß der Mörder einen tödlichen Schuß auf Olof Palme abgab, den rechten Arm mit der Waffe auf Lisbet Palme richtete und den zweiten Schuß auf sie abgab. Da der zweite Schuß sehr schnell nach dem ersten folgte, sieht Martin beide Mündungsflammen direkt auf Olof Palmes Rücken treffen. Er nimmt daher verständlicherweise wahr, daß beide Schüsse auf Olof Palmes Rücken gerichtet waren.

Da der Schuß auf Olof Palme nur aus einem oder wenigen Dezimetern Abstand abgegeben wird und der Mörder ihm außerdem an die Schulter faßte (er zieht ihn zu sich heran), ist es naheliegend zu glauben, daß der zweite Schuß seiner Frau galt. Daß der Mörder Olof Palme aus dieser kurzen Distanz verfehlen würde, erscheint unwahrscheinlich, auch wenn das Opfer von dem ersten Schuß nach vorn geschleudert wurde. Außerdem steht Lisbet Palme schräg rechts zur Schußrichtung der ersten Kugel und dürfte kaum von einem Fehlschuß auf ihren Mann getroffen worden sein.

Gegen den Gedanken, daß der Schuß Lisbet galt, spricht, daß der Mörder gut die Möglichkeit besaß, eine weitere, dritte Kugel auf Lisbet Palme abzufeuern, als er nach Abgabe der ersten Schüsse um sein Opfer herumging. Unter Umständen wurde Lisbet dadurch gerettet, daß sie bereits auf den ersten Schuß reagierte und sich von links zu Olof umwandte. Wenn sie sich nicht umgedreht hätte, hätte der Schuß auch sie mitten in den Rücken getroffen und wäre tödlich gewesen.

So muß man sich den Tatablauf wahrscheinlich vorstellen. Aber wenn man diese Beschreibung akzeptiert, ist der Fundort der Kugel, die Lisbet streifte, umso merkwürdiger. Die Kugel, die am Pfeiler zehn Meter vom Mordplatz entfernt gefunden wurde, hat eine einigermaßen angemessene Plazierung. Die Kugel eines Schusses „schräg nach links", die durch Palmes Körper schlug, kann dort gelandet sein. Bei der Kugel aber, die Lisbet getroffen hat, die durch ihren Mantel ging, als sie sich stehend nach links zu Olof wandte, müßte die Schußrichtung mehr oder weniger schnurgerade in Längsrichtung des Sveavägan gewesen sein. Sie hätte also viel weiter im Süden landen müssen, im Gebiet von Sergels torg. Statt dessen wurde sie in einem Winkel von beinahe 90 Grad von der hier angenommenen Schußrichtung gefunden.

Die Unsicherheit um diese Kugeln führt dazu, daß der Staatsanwalt K. G. Svensson einige technische Untersuchungen durchführen läßt. K. G. Svensson führt die Voruntersuchung gegen den zu diesem Zeitpunkt bereits festgenommenen „33jährigen" und hat damit formell das Recht, von der Polizei bestimmte Ermittlungen zu verlangen. Daß die Kugeln für K. G. Svensson von großem Interesse sind, beruht auf einer einfachen Tatsache: Sie lassen, abgesehen von denjenigen am Mordopfer Olof Palme, die einzig möglichen technischen Ermittlungen zur Beweisführung zu. Die Wahrheit über die Kugeln könnte einen eventuell anstehenden Prozeß gegen einen Mordverdächtigen entscheidend beeinflussen.

Aber über die technische Untersuchung der Kugeln ent-

46

steht Streit. K. G. Svensson möchte, daß die Forschungs-
anstalt des Militärs, FOA, Probeschüsse durchführen soll,
um herauszubekommen, wohin die Kugeln des Mörders
geflogen sein müssen. Als K. G. Svensson von der Polizei
verlangt, daß sie der FOA diesen Auftrag erteilt, wider-
setzt sich Hans Holmér. Holmér möchte, daß die Kriminaltechnische Anstalt in Wiesbaden, Bundesrepublik
Deutschland, diese Probeschüsse durchführen soll. K. G.
Svensson wendet sich daraufhin an den Abteilungschef
beim Reichsstaatsanwalt (RÅ), Uno Hagelberg, um dessen Zustimmung zu bekommen, selbst ein Probeschießen
durch die FOA anzuordnen, die er auch erhält.

Das Probeschießen wird am 17. April 1986 durchgeführt. Die FOA geht bei der Kugel, die Lisbet traf, davon
aus, daß die Angaben des Zeugen S. über einen Querschläger richtig sind. Die Techniker führen mehrere Versuche
auf verschiedenen Unterlagen aus, und sie kommen am
Schluß zu dem Urteil, daß eine Betonplatte mit einem
Belag aus Schnee, Eis und Kies dem Zustand des Gehsteiges in der Mordnacht am meisten ähnelt. Das Probeschießen zeigt, daß die Geschwindigkeit der Kugel nach dem
Querschläger dreihundert Meter in der Sekunde betrug
(verglichen mit einer Austrittsgeschwindigkeit aus dem
Revolver von 440 m/sec) und daß der Abschlagswinkel
vom Gehsteig 17 Grad ist. Mit diesen Prämissen wird
berechnet, wo die Kugel gelandet sein kann. Es zeigt sich,
daß sie nach dem Abprall weiter nach Südwesten geflogen
sein muß und daß, wenn sie auf der anderen Seite des
Sveavägan in eine Wand geschlagen ist, dies an einer Haus-
fassade in 10 m Höhe geschehen sein kann. Wie die Kugel
an einem Ort direkt gegenüber dem Mordplatz gelandet
sein kann, ist demnach weiterhin ein Rätsel.

Da das Probeschießen keine sicheren Anhaltspunkte
über den Fundort der Kugel, die Lisbet streifte, ergab –
immer verbunden mit der Prämisse, daß die Aussage des

Zeugen S. über den Querschläger „richtig" ist –, sondern nur Andeutungen darüber zuläßt, wohin die Kugel geflogen sein könnte, nachdem sie Lisbet streifte, beantragt K. G. Svensson, umfassende Nachforschungen nach Querschlägermarken durchführen zu lassen. Er stellt diesen Antrag am 21. April 1986 in schriftlicher Form. Das Schreiben ist adressiert an „Die Führungsgruppe in Sachen Palme-Mord", d.h. an Hans Holmérs Fahndungsleitung.

Der Holmér am nächsten stehende Mann in der Ermittlung, der Chef der Kriminalabteilung der Stockholmer Polizei, Polizeioberintendent Hans Wranghult, verspricht zwei Tage später, eine solche Untersuchung durchführen zu lassen. Bis zum Spätsommer 1987 geschah in dieser Sache nichts.

Noch eine weitere technische Untersuchung der Kugeln hätte zu diesem Zeitpunkt durchgeführt werden können, um größere Klarheit zu erbringen. Ein chemisch-technisches Labor hätte die Zusammensetzung des Bleis in den Kugeln mit den Kugelfragmenten in Olofs und Lisbets Kleidern vergleichen können: also eine sogenannte Isotopenuntersuchung.

Aber auch eine solche Untersuchung wurde zu Anfang nicht gemacht. Erst im Frühsommer 1987, beinahe anderthalb Jahre nach dem Mord, führte man sie durch, aber auch erst nach einer Aufforderung vom Staatlichen Kriminaltechnischen Labor (SKL) in Linköping, und nicht auf Initiative der Polizei.

Das Resultat dieser Untersuchung ergibt neue Einsichten. Die Arbeit wurde vom SKL an die „Abteilung für Isotopengeologie des Reichsmuseums" weitergegeben, die dafür die besten Vorausetzungen bot. Eine solche chemische Untersuchung zielt darauf ab, die Zusammensetzung des Bleis herauszufinden. Blei besteht aus mehreren Isotopen, also Bleiatomen mit verschiedenem Atomgewicht, beruhend auf unterschiedlicher Neutronenzahl in den

48

Atomkernen. Die Isotopen, die vorkommen können, sind Blei 204, Blei 206, Blei 207 und Blei 208. Aber die Zusammensetzung der verschiedenen Isotope ist nicht in jedem Blei gleich: sie differiert unter Umständen sehr weit voneinander, je nachdem aus welcher Grube das Blei gewonnen wurde.

Der Zweck der Untersuchung ist nun herauszufinden, ob die Zusammensetzung der verschiedenen Bleiisotope der Kugeln identisch ist mit den Bleifragmenten, die man aus den Kleidern gelöst hat. Natürlich ergibt das Ergebnis einer solchen Untersuchung keinen eindeutigen Aufschluß darüber, ob die gefundenen Kugeln tatsächlich die Mordkugeln sind. Eine definitive Aussage kann nur dahingehend formuliert werden, ob die Isotopenzusammensetzung bei den beiden Untersuchungsteilen differieren und somit ausgeschlossen werden kann, daß die Kugeln aus der Waffe des Mörders stammen.

Die Untersuchung ergab, daß die Isotopenzusammensetzung der Kugeln und der Fragmente die gleiche war. Vergleichende Untersuchungen wurden mit anderen Kugeln gemacht, dabei waren die Isotopenzusammensetzungen stark abweichend voneinander. Zusätzlich wurden weitere technische Untersuchungen durchgeführt, die unter anderem ergaben, daß die Schmauchspuren auf Olof Palmes Kleidern mit denen übereinstimmen, die durch die Munition einer Winchester magnum entstehen, dem Fabrikat der aufgefundenen Kugeln. Es ergab sich auch, daß beide Kugeln aus derselben Waffe abgefeuert wurden. Dies läßt die Schlußfolgerung zu, daß es sich bei den Kugeln um die Mordkugeln handelt.

Damit erscheint auch die Annahme unhaltbar, daß die Kugeln im Nachhinein ausgelegt worden sind – auch wenn die Plazierung der „Lisbet-Kugel" weiterhin schwer erklärlich ist. Noch schwerer zu erklären ist aber auch Holmérs Weigerung, die Kugeln einer technischen Untersuchung zu unterziehen. Auf diesen Punkt werde ich jedoch weiter unten im Text zurückkommen.

II
Der 33jährige

6. Kapitel
Rune

Rune ist an diesem Morgen spät aufgestanden und hat noch nicht gefrühstückt, als es an der Tür klingelt. Er erwartet keinen Besuch, und er kennt auch die beiden Männer nicht, die draußen im Hausflur stehen. Sie stellen sich als Polizisten vor und bitten, hereinkommen zu dürfen. Es ist Sonnabend, der 8. März 1986.

Rune fragt, worum es sich handele, erhält aber nur als Antwort, daß er das später erfahren werde. Die Polizisten wollen, daß er sie begleiten solle. Rune antwortet, daß er noch nicht gefrühstückt habe und geht in die Küche. Aber die Polizisten ergreifen ihn am Arm und befehlen ihm knapp, sich aufs Sofa zu setzen. Einer von ihnen beginnt, in Runes Papieren zu wühlen und in einige Bücher zu schauen. Auf irgendein Dokument, das ihnen das Recht gibt, in Runes Wohnung eine Durchsuchung durchführen zu dürfen, haben sie nicht hingewiesen.

Rune wird in einem Auto zum Polizeipräsidium auf Kungsholmen gefahren, wo er in einen kleinen Verhörraum geführt wird. Kriminalinspektor J. S. von der Stockholmer Polizei stellt sich ihm vor und sagt, er wolle ihm einige Fragen stellen. Rune bekommt noch immer nicht zu wissen, worum es eigentlich geht. Er begreift es jedoch langsam, als J. S. danach zu fragen beginnt, was Rune am Freitagabend, dem 28. Februar, gemacht habe.

Rune antwortet nach bestem Wissen – es sind inzwischen acht Tage vergangen und es fällt ihm nicht leicht, sich an alle Einzelheiten zu erinnern. Er sagt, daß er den ganzen Abend im Café „Mon Chérie" gewesen sei, seiner

„Stammkneipe". Er ist schon vor sechs Uhr dort angekommen und erst spät in der Nacht gegangen, vielleicht
gegen 23.30 Uhr. An das, was er danach getan hat, kann er
sich nicht richig erinnern. Möglicherweise sei er ins Kino
gegangen, vielleicht sei er nur so in der Innenstadt herum-
geschlendert. Er ist sich nicht sicher. Er weiß noch, daß in
jener Woche Sportferien gewesen waren und er von seinem
Lehrervikariat frei hatte und beinahe jeden Abend ins
Kino gegangen war. Meistens hatte er sich irgendwelche
amerikanischen Filme angesehen. Ob dies auch an jenem
Abend der Fall gewesen war, weiß er nicht mehr genau. Er
erinnert sich, daß er erkältet war und es an diesem Abend
sehr kalt war, er deshalb wohl kaum in der Stadt herumge-
streift sein dürfte. Vermutlich sei er doch in einer Nacht-
vorstellung gewesen, bevor er mit der U-Bahn nach Hause
gefahren sei.

J. S. fragt, welche Kleidung er an diesem Freitagabend
getragen habe. Rune antwortet, er habe eine militärgrüne,
kanadische Fliegerjacke angehabt, eine knielange, gefüt-
terte und sehr warme Jacke mit Pelzbesatz an der Kapuze.
Dazu habe er Jeans getragen. J. S. stellt viele weitere
Fragen zu Runes Bekleidung und Rune versteht nicht,
warum dies so wichtig für die Polizei ist. Er kann nicht
anders als wahrheitsgetreu zu antworten: „Es waren die
grüne Jacke und die blauen Jeans."

Obwohl er begreift, daß sie ihn wegen des Mordes an
Olof Palme verhören, verlangt er keinen Anwalt, denn er
nimmt die Situation immer noch nicht richtig ernst. Rune
hat ein starkes Selbstbewußtsein und rechnet damit, die
Situation schon auf eigene Faust meistern zu können.

Es wird sieben Uhr am Abend, bevor Rune etwas zu
essen bekommt, seine erste Mahlzeit an diesem Tag. Jetzt
erst erfährt er auch, daß es Zeugen gibt, die behaupten, ihn
in der Nähe des Tatortes gesehen zu haben. Die Polizei
läßt Rune in einer Spiegelkonfrontation zwei Zeugen

gegenüberstellen. Diese sehen durch einen Spiegel ihn und sieben andere Personen im einem Raum. Gegen 23 Uhr darf Rune endlich das Polizeipräsidium verlassen und fährt nach Hause. Die Ereignisse haben ihn ziemlich aufgewühlt, so daß er kaum schlafen kann.

Am Tag darauf, einem Sonntag, geht er in die Immanuelskirche und nimmt an dem englischsprachigen Gottesdienst teil. Rune ist religiös und es macht ihm zusätzlich Spaß, Englisch zu sprechen, mit scharfem amerikanischem Akzent. Er ist auf beinahe alles Amerikanische wie versessen.

Am Montag erzählt er seiner Schulklasse, daß er am Sonnabend von der Polizei in Sachen Palme-Mord verhört worden sei, denn er meint, dies sei nichts, was er verheimlichen müßte. Es ist Runes Art, mit den Leuten offen und freimütig zu sprechen. Die Schüler trauen ihren Ohren kaum. Am Mittwoch, dem 12. März, kommt die Polizei erneut zu Rune. Diesmal kommen sie frühmorgens, und es sind einige mehr. Sie sind noch erhitzter als beim ersten Mal. Rune begreift, daß hier etwas im Gange ist. Wieder wird er in den Verhörraum nach Kungsholmen gebracht und trifft hier auf den Kriminalinspektor B. W. Gleich zu Beginn wird Rune darüber aufgeklärt, daß er sich einen Anwalt nehmen könne und Rune bittet, Henning Sjöström zu bekommen. Sein Pflichtanwalt wird dann aber Gunnar Falk, der in der Anwaltskanzlei Sjöström arbeitet. Rune verlangt nun auch, das Verhör auf Band aufzuzeichnen, was am Samstag zuvor nicht gemacht worden war.

Rune erfährt nicht, wessen er eigentlich verdächtigt wird, glaubt aber, daß die Fragen der Polizei in eine bestimmte Richtung weisen. Sie wollen ihn als Mörder, als Mörder Olof Palmes. Am Abend sagt der Leiter des Verhörs dies frank und frei heraus. Einige Tage später bekommt Rune diese Verdächtigung von der Polizei in gedruckter Form vorgelegt. Rune begreift, daß es nun ernst wird.

Die Verhöre dauern beinahe ununterbrochen fünf Tage lang. Immer wieder stellt man ihm die gleichen Fragen, und Rune muß jedesmal neu berichten, was er am Abend des 28. Februar gemacht hat. Als er sein Gedächtnis anstrengt, erinnert er sich an mehrere Details. So erinnert er sich, im Café „Mon Chérie" mit drei Mädchen und anschließend mit zwei jungen Männern im Alter von ungefähr zwanzig Jahren gesprochen zu haben, bevor er gegen halb zwölf das Lokal verließ. Danach ging er ins Kino, in den Film „Rocky IV", der im „Rigoletto" auf der Kungsgatan gezeigt wurde. B. W. bezweifelt dies: War es wirklich „Rocky IV"? Rune wird unsicher. Vielleicht war es auch ein anderer Film, vielleicht ging er an diesem Abend auch gar nicht ins Kino. Doch, vermutlich ging er ins Kino. Der Vernehmungsleiter fragt, ob es auch der Film „Schnurrhaare und Erbsen" gewesen sein könne, der an diesem Abend im „Saga" auf der Kungsgatan gezeigt wurde. Rune antwortet, daß es dieser Film niemals gewesen sein könne, denn so etwas würde ihn nicht interessieren, folglich habe er ihn nicht gesehen.

Er erinnert sich dagegen, daß er gegen ein Uhr nachts McDonald's auf der Kungsgatan aufgesucht habe und danach nach Hause gefahren sei. Er hatte bis dahin nicht gehört, daß Palme erschossen worden sei, und hatte auch keinen Menschenauflauf auf dem Sveavägan gesehen. Der Vernehmungsleiter findet es merkwürdig, daß Rune auf dem Nachhauseweg gegen ein Uhr keine Unruhe auf dem Sveavägan bemerkt habe, aber Rune erklärt es damit, daß er in die U-Bahnstation „Hötorget" auf der Kungsgatan gegangen sei, die vor dem Sveavägan liegt. Er habe dort auf den Zug gewartet, als es ihm aber zu lange dauerte, sei er stattdessen zur Station „T-Centralen" ganz in der Nähe gegangen, wo er sofort einen Zug nach Hause erwischte. Als er die U-Bahnstation „Hötorget" verließ, benutzte er den Ausgang auf der anderen Seite vom Sveavägan und konnte daher nichts von dem wahrnehmen, was auf dem Sveavägan vor sich ging.

Die Stimmung zwischen Rune und dem Polizeibeamten B. W. wird immer eisiger. Rune glaubt, nach bestem Wissen zu antworten, und ist verunsichert, wenn die gleichen Fragen ständig neu gestellt werden. Er hat den Eindruck, daß die Polizei ihn dazu bringen will, gegen sich selbst auszusagen, irgendeinen Fehler zu machen, damit sie ihn noch härter ins Kreuzverhör nehmen kann. Rune und sein Anwalt Gunnar Falk fordern die Polizei auf, nach den Personen zu suchen, mit denen Rune im „Mon Chérie" gesprochen habe. Sie würden seine Darstellung über den Verlauf des Abends bestätigen können. Aber Rune glaubt, daß B. W. gar nicht das hören will, was seine Unschuld bezeugen könnte. Er will von Rune hören, daß er nach dem Mord an Olof Palme in der Nähe des Tatortes herumgelaufen sei und unter anderem versucht habe, einen Autofahrer auf der Döbelnsgatan anzuhalten, um ihn zu zwingen, ihn wegzufahren. Der Autofahrer auf der Döbelnsgatan scheint für die Polizei von großer Bedeutung zu sein. Aber Rune versucht klarzumachen, daß der Mann sich getäuscht haben muß. Die Polizei behauptet auch zu wissen, daß Rune sich um Viertel vor zwölf in das Saga-Kino hineingeschlichen habe, obwohl Rune diese Möglichkeit völlig ausschließt. Dennoch behält Rune seinen Humor; in den Pausen unterhält er die Polizisten, die draußen auf dem Korridor Wache halten, mit Imitationen von Eddie Murphy, Zed McCahan und indischen Kellnern. Einmal zieht er seine Schau auch vor Kriminalinspektor B. W. ab, der allerdings keinen Gefallen an Runes Schauspielkunst findet.

Vielmehr wird die Stimmung im Verhörraum immer schlechter, je mehr die Tage vergehen und die Befragungen nicht zu den Ergebnissen führen, die sich die Polizei wünscht. Rune sagt geradeheraus, daß die Polizei ihn als

Sündenbock haben will. Da er dabei den amerikanischen Ausdruck „scapegoat" verwendet und B. W. ihn nicht versteht, muß ihn der Anwalt Falk übersetzen. Manchmal verliert B. W. die Fassung angesichts Runes immer arroganter werdenden Verhaltens. Bei einer Gelegenheit ballt B. W. die Faust vor Runes Gesicht und schreit: „Heraus jetzt mit der Sprache! Zum Teufel, wir wissen alles über dich!" Rune genießt den Ausbruch wie einen Sieg. Er ist B. W. geistig überlegen. Die Polizei kann ihn nicht brechen.

Zum Schluß wird das Verhör zur Posse. Rune hält es nicht einmal mehr für nötig, die Fragen zu beantworten. Auf B. W.'s Behauptungen antwortet er nur mit: „Wenn du es sagst, dann wird es wohl so gewesen sein", und ahmt dabei B. W.'s Helsingborger Dialekt nach.

Aber obwohl Rune sich der Polizei überlegen fühlt, setzen seine Zweifel ein; am Dienstagabend, eine Woche nach der zweiten Verhaftung, kriecht die Angst ihm unter die Haut. Mittwoch soll er dem Haftrichter vorgeführt werden, denn der Staatsanwalt K. G. Svensson betrachtet ihn „aus verschiedenen Gründen als Täter des Mordes an Olof Palme verdächtig". Vielleicht sperren Sie mich zehn Jahre lang ein, denkt Rune beklommen, sie wirken so zielstrebig.

Aber am Morgen erhellt sich seine Stimmung schneller, als er es ahnen konnte. B. W. und Gunnar Falk kommen in Runes Zelle und teilen ihm mit, daß er freigelassen werden soll. Irgend etwas ist passiert. Doch bevor Rune gehen darf, soll er noch dem Zeugen, der ihn identifiziert haben will, gegenübergestellt werden. Es ist der Autofahrer von der Döbelnsgatan. Im Raum sind neben dem Anwalt Falk auch K. G. Svensson, ein anderer Staatsanwalt mit Namen Lage Carlström, der Kriminalinspektor B. W., ein weiterer Polizist sowie ein Dolmetscher anwesend. Die Aussagen des Autofahrers müssen aus dem Französischen übersetzt werden. Der Autofahrer hält weiter daran fest,

Rune und niemand anderen auf der Döbelnsgatan gesehen zu haben. Er kann aber nicht genau sagen, was es an Runes Aussehen ist, das ihn glauben läßt, es handele sich hier um ein und dieselbe Person. Danach wird Rune freigelassen und K. G. Svensson zieht seinen Haftbefehl zurück.

Die Freilassung am 19. März ist jedoch nicht gleichbedeutend damit, daß Rune nun auch rehabilitiert ist. Sein Name und sein Bild sind in der Zeitung „Arbetet" und in einigen anderen Zeitungen publiziert worden. Norwegische und dänische Zeitungen haben ebenfalls sein Bild gebracht. Die übrige schwedische Presse hat ihn den „33jährigen" getauft. Und es gibt draußen genug Idioten, die meinen, die Schuldfrage besser beurteilen zu können als der Staatsanwalt. Rune ist Drohungen ausgesetzt und wird unter Polizeischutz gestellt. Er ist gezwungen, im Land herumzureisen und anonym bei Freunden zu wohnen.

Rune erfährt, daß die Voruntersuchung gegen ihn jedoch nicht niedergelegt ist. Die Verdächtigungen bestehen weiterhin, sie reichen nur nicht zu einer Anklage aus. Einen Monat später erhält Rune wieder eine Vorladung mit der Aufforderung, nach Stockholm zu kommen, um mit einer Anzahl Zeugen konfrontiert zu werden. Es bleibt unklar, ob dies unter Zwang geschehen soll, oder ob es auf Runes freier Entscheidung beruht, der Aufforderung Folge zu leisten. Rune teilt mit, daß er sich einfinden werde, denn er hat nichts zu verbergen, sondern sieht darin eher die Chance, Genugtuung zu erhalten. Die ersten Gegenüberstellungen finden am 28. und 29. April statt. Einige Tage später wird ein neuer Durchgang von Gegenüberstellungen arrangiert, der wieder zwei ganze Tage in Anspruch nimmt.

Am 28. Mai wird Rune mitgeteilt, daß man die Voruntersuchungen niedergelegt habe. K. G. Svensson hat die Verdächtigungen über Runes Beteiligung am Mord fallengelassen. Trotzdem verbreitet die Polizei weiterhin Gerüchte über Rune. Einige Polizisten lassen Journalisten wissen, sie seien sicher, daß Rune der Mörder Olof Palmes sei. Die offiziellen Presseerklärungen der Polizei bleiben vage und formelhaft: „Der Staatsanwalt hat die Ermittlungen eingestellt." Keiner sagt eindeutig, daß Rune nun für die Ermittlungen bedeutungslos geworden sei, oder sogar, daß Rune unschuldig sei. Die Polizei will sich anscheinend alle Türen offenhalten, um Rune bei Bedarf wieder in die Ermittlungen einzubeziehen.

Für Rune bedeutet dies, sich die ganze Zeit gegen die nagenden Verdächtigungen zur Wehr zu setzen, daß vielleicht doch *er* der Mörder Olof Palmes ist. Als er auf Arbeitssuche geht, offenbart sich seine unsichere Stellung: Niemand will ihn beschäftigen. Noch im Spätsommer 1987, anderthalb Jahre nach den Schüssen auf dem Sveavägan, ist Rune ohne Anstellung.

7. Kapitel
Die Verdächtigungen

Als Rune, der „33jährige", am 8. März 1986 das erste Mal von der Polizei verhaftet wurde, waren die Verdächtigungen gegen ihn äußerst vage. Die Polizei hatte Hinweise darüber erhalten, daß Rune Olof Palme gegenüber feindlich eingestellt sei. Im Rahmen eines größeren Fischzuges, bei dem man nach sogenannten Palmehassern fahndete, wurde auch Rune ergriffen. Während der Ermittlung gegen ihn wuchs der Verdacht, denn es kamen eine Reihe von Verdachtsmomenten hinzu, die dazu führten, daß der Staatsanwalt K. G. Svensson am 17. März beantragte, ihn wegen Mordverdacht festzunehmen. Aber nicht einmal zu dem Zeitpunkt, als die Verdächtigungen gegen Rune am stärksten waren, gab es konkrete Hinweise, die der Staatsanwalt als Beweis ansehen konnte. Das geht aus K. G. Svenssons eigenen Anmerkungen im „Pro memoria. Zur vorläufigen Festnahme" hervor: „Rune ist nach den bisherigen Erkenntnissen nicht mit dem Verbrechen in Verbindung zu bringen." Svensson hielt fest, daß es lediglich „Anhaltspunkte" gebe, Rune zu verdächtigen, und daß die Festnahme angeordnet wurde, damit die Verdächtigungen auf ordentliche Weise überprüft werden konnten.

Daß K. G. Svensson nur zwei Tage später sein Haftersuchen zurückzog, deutet darauf hin, daß in der Ermittlung etwas Entscheidendes passiert sein mußte. Während dieser zwei Tage war ein Prozeß in Gang gekommen, der zwei Monate später dazu führte, daß K. G. Svensson nicht nur die Verdächtigungen gegen Rune fallen ließ, sondern sogar in einer Pressemitteilung äußerte, Rune sei einer ernsthaften Rechtsverletzung ausgesetzt gewesen – hinzuzufügen ist, einer Rechtsverletzung von seiten der Polizei. Aber bevor ich im Detail auf die Ereignisse um Rune eingehe, muß etwas dazu gesagt werden, wie die polizeilichen Ermittlungen im Mordfall Olof Palme organisiert wurden.

Die Verantwortung für die Aufklärung des Mordes an Olof Palme, lag bei der zuständigen Polizei von Stockholm. An ihrer Spitze steht der Bezirkspolizeichef, zur Zeit des Mordes hatte Hans Holmér diese Position inne. Die Stockholmer Polizei ist in eine Anzahl von Abteilungen unterteilt, und ein Gewaltverbrechen dieser Art wird normalerweise von der Kriminalabteilung übernommen. Der Chef dieser Abteilung war zum Zeitpunkt des Mordes der Polizeioberintendent Hans Wranghult.

Die Kriminalabteilung wiederum ist in vier Sektionen unterteilt, die Kriminal- und Fahndungssektion, die Sektion für Wirtschaftskriminalität und die allgemeine Sektion. Diese Unterabteilungen werden jeweils von Polizeiintendenten geleitet, die oft Juristen ohne eigene Erfahrung in praktischer Polizeiarbeit sind. Die Sektionen ihrerseits sind in sogenannte Rotten unterteilt. In der Kriminalsektion gibt es beispielsweise die Gewaltrotte, die Diebstahlsrotte und drei andere Rotten. Die Rottenchefs haben den Rang eines Polizeikommissars. Die Kommissare sind von Beruf ausgebildete Polizisten, keine Juristen. Innerhalb der Rotten werden organisatorische Unterabteilungen in Form von Kommissionen gebildet je nach dem, welche Art von Verbrechen aufgeklärt werden soll. Innerhalb der Gewaltrotte gibt es etwa die Mordkommission, die Mordfälle aufklären soll.

Bei einem „normalen" Mordfall in Stockholm hätte ein Kommissar der Mordkommission aus der Gewaltrotte die Ermittlungen nach dem Täter geleitet. Der Mord an einem Staatsminister entbehrte natürlich jeglicher „Normalität", und selbstverständlich sollten die Ermittlungen umfassender sein, als bei allen bisherigen Verbrechensermittlungen in der schwedischen Kriminalgeschichte. Da der Mörder nicht direkt am Tatort gefaßt wurde, mußte eine große Anzahl von Polizeikräften in die Ermittlungsarbeit einbezogen werden. Auf ihrem Höhepunkt waren dreihundert Polizisten damit befaßt. Außer dem Personal der Gewaltrotte, also den normalerweise ermittelnden Polizeikräften, wurden auch Beamte aus der Fahndungssektion herangezogen, in der Hauptsache Rauschgiftfahnder. Außerdem wurden Angestellte der technischen Rotte der Kriminalsektion für die Ermittlungen abgeordnet.

Außer dem Personal der Stockholmer Polizei wurden Beamte der Reichspolizeileitung (RPS) mit in die Fahndung einbezogen. Die RPS beschäftigt sich mit Fällen von landesweiter Bedeutung. Die Beamten der RPS kamen aus der Sicherheitsabteilung (RPS/Säk, gewöhnlich „Säpo" genannt) und aus der Reichskriminalsektion der Kriminalabteilung. Außerdem stellte die RPS ihren Informationschef Leif Hallberg zur Verfügung, – der Mann, der mit Hans Holmér durch dick und dünn gehen sollte.

Da die Mordermittlungen sich ausweiteten und mehrere polizeiliche Einheiten umfaßten, hätte normalerweise diskutiert werden müssen, auf welcher Führungsebene die Leitung anzusiedeln sei. Doch eine solche Diskussion wurde zu keinem Zeitpunkt geführt; der Bezirkspolizeichef Hans Holmér entschied die Sache dadurch, daß er sich selbst als Fahndungsleiter einsetzte, direkt, nachdem er von einer Reise nach Dalarna zurückgekommen war. Das war am Vormittag des 1. März 1986.

Um sich herum gruppierte Hans Holmér eine Art „Fahndungsleitung", die im Prinzip aus den Chefs oder deren Vertretern der einzelnen Einheiten bestand, die an den Ermittlungen teilnahmen. Die Fahndungsleitung richtete sich im sogenannten „Palmeraum" im Polizeipräsidium auf Kungsholmen in Stockholm ein. Die wichtigsten

Personen in dieser Führungsgruppe wurden neben Hans Holmér der Chef der Kriminalabteilung Hans Wranghult, der Chef der Fahndungssektion S. L. Pettersson und der Chef der Gewaltrotte Nils Linder (alle von der Stockholmer Polizei) sowie der Chef der Reichskriminalsektion Tommy Lindström. Von der Säpo nahmen verschiedene Personen teil: Zu Beginn der Abteilungschef Sven-Åke Hjälmroth, später die Bürochefs P.-G. Näss und Christer Granqvist, zwischenzeitlich abgelöst durch ihre jeweiligen Vertreter. Außerdem hatte das Justizministerium einen Mann in die Fahndungsleitung entsandt, um „kontinuierlich Informationen" zu erhalten. Es war Ministerialrat Klas Bergenstrand, gelegentlich vertreten durch seinen Untergebenen Kurt Malmström.

Diese „Fahndungsleitung" war jedoch keine Fahndungsleitung im eigentlichen Sinne. Bei den täglichen Zusammenkünften der Gruppe entstanden äußerst selten Diskussionen darüber, wie die Fahndung im Einzelnen durchgeführt werden sollte. Statt dessen war sie ein Forum für die Berichte der verschiedenen Polizeieinheiten, die an der Ermittlung beteiligt waren. Hans Holmér benutzte sie vor allem zur Darstellung seiner täglich neuen Hypothesen, zu denen sich im großen und ganzen niemand richtig äußerte, wenn er nicht von Hans Holmér direkt dazu aufgefordert wurde. Die Treffen der Leitungsgruppe waren in der Regel kurz, und hinterher setzte sich Hans Holmér mit einigen, ihm besonders Vertrauten in einem anderen Raum zu einem neuen Treffen zusammen. Aber auch hier zweifle ich daran, daß in dieser kleineren Gesellschaft eine offene, kritisch abwägende Diskussion geführt wurde. Dort waren wieder nur die Personen anwesend, die bereits vorher „Ja" gesagt und zu allem nur zustimmend genickt hatten. Alle entscheidenden Beschlüsse in den Polizeiermittlungen wurden in der Praxis von Hans Holmér selbst gefaßt.

Formal gesehen sollte jedoch die übergeordnete Verantwortung in der gesamten Mordermittlung in dem Augenblick von der Staatsanwaltschaft in Stockholm übernommen werden, in dem es einen namentlich bekannten Verdächtigen gab – was unmittelbar vor dem 12. März geschah, als Rune zum zweiten Mal festgenommen wurde. Der Fall wurde dem leitenden Staatsanwalt K. G. Svensson übertragen, der früher vor allem als Ankläger in Spionagefällen bekannt geworden war. K. G. Svensson hätte in dieser Situation Leiter der Voruntersuchung in der gesamten Mordermittlung werden müssen. Er leitete in der Praxis aber nur die Voruntersuchung gegen Rune. Hierfür gab es zwei Gründe: Zum einen war es für einen einzelnen Ankläger (mit einem Assistenten, dem Staatsanwalt Lage Carlström) schwer, den dreihundert Mann starken Ermittlungsapparat zu leiten. Zum anderen weigerte sich Hans Holmér, K. G. Svensson einen entscheidenden Einfluß auf die Angelegenheiten der Polizei zuzugestehen. Die Weigerung z.B., von der FOA das Probeschießen durchführen zu lassen, und die Weigerung, nach Querschlägermarken an den Hausfassaden um den Mordplatz herum suchen zu lassen, sind zwei Beispiele, die ich schon früher genannt habe. Ich werde später noch mehr Beispiele dafür anführen, wie die Staatsanwaltschaft daran gehindert wurde, die Untersuchung wirklich zu leiten.

Die anomale Rechtslage – ein Bezirkspolizeichef eignet sich in der Praxis einen Großteil der Fahndungsleitung in einer Voruntersuchung an – sollte sich der Leser bei der nachfolgenden Schilderung, wie die Ermittlung gegen Rune (und später gegen eine Reihe Kurden) gehandhabt wurde, stets vor Augen halten.

Als Rune am 8. März zum ersten Mal verhaftet wird, beruht dies, wie oben beschrieben, darauf, daß die Polizei Hinweise erhalten hatte, die andeuten, daß Rune ein Feind von Olof Palme sei. Unter anderem hatte der Zeuge T.

ausgesagt, Rune habe in einem Telefongespräch am 4. Februar 1986 gesagt, „Olof Palme steht auf der Todesliste" und „Blut (werde) auf den Straßen Stockholms fließen". Aufgrund dieser Zeugenaussage wurden die Ermittlungen gegen Rune aufgenommen.

Am Abend des 8. März konfrontiert die Polizei Rune mit den Mädchen S. und Z. Die beiden hatten einen Mann in das Kino „Saga" in der Kungsgatan – zwei Straßen vom Tatort entfernt – um 23 Uhr 45 hereinkommen sehen. Eine von ihnen, die Zeugin Z., hat, einem Ermittlungsbeamten der Polizei zufolge, Rune bei einer Spiegelkonfrontation als genau den Mann wiedererkannt. Die Zeugin S. ist sich dessen indes nicht ganz sicher.

Während der Zeit, in der sich Rune zwischen den beiden Verhaftungen auf freiem Fuß befindet, erhält die Polizei weitere Hinweise über ihn. Es sind Informationen, die das Bild des „Palme-Hassers" verstärken. Des weiteren einen Hinweis darauf, daß Rune einen großgewachsenen, blonden Komplizen, B., habe, den die Polizei als den „Schatten" in ihre Theorie einfügt. Diese Umstände veranlassen K. G. Svensson, Rune am 12. März erneut verhaften zu lassen. Es ist eine vorläufige Festnahme. Rune ist also noch nicht eines Verbrechens beschuldigt, die Verhaftung geschieht, um die weiteren Ermittlungen zu unterstützen.

Im Zusammenhang mit der Verhaftung führt die Polizei in Runes Wohnung eine Hausdurchsuchung durch. Dabei findet sie Zeitungen mit Unterstreichungen, die als Kritik an der Politik Palmes gedeutet werden können. Ein Teil der Zeitungen stammt von der kleinen rechtsextremistischen Gruppe EAP, die seit langer Zeit eine Hetzkampagne gegen die Person Olof Palmes führt. Es zeigt sich bei einer späteren Untersuchung auch, daß sich Runes Unterschrift unter den 1 850 Namen befindet, die die EAP bei der Reichssteuerverwaltung eingereicht hatte, um zur Teilnahme an der Reichstagswahl registriert zu werden.

Während der sieben Tage, die Rune einsitzt, werden weitere Indizien zusammengetragen, die stark gegen ihn sprechen. Die Zeugin N. behauptet, am Mordabend gegen 21 Uhr eine Person in dem Hähnchengrill „Kentucky Fried Chicken" gesehen zu haben, ganz in der Nähe des Kinos „Grand". N. teilt mit, sie glaube, der Mann habe sich sonderlich benommen. Aus einer Fotokartei greift N. das Bild Runes heraus. Die Angaben könnten darauf hindeuten, daß Rune Olof Palme auf dem Weg zum Kino beschattet hatte. Ein Zeuge behauptet, er habe Rune einige Tage vor dem Mord ohne Oberlippenbart gesehen. Bei der Verhaftung trägt Rune einen Oberlippenbart. Der Mörder hingegen war eindeutig glatt rasiert. Hatte Rune sein Aussehen nach dem Mord verändert?

Bei der kriminaltechnischen Untersuchung von Runes Kleidung werden auf dem Jackenärmel zwei kleine Partikel gefunden, die Spuren eines Zündsatzes sein können. In diesem Zusammenhang werden sie als Schmauchspuren der Schüsse aus der Mordwaffe gedeutet.

Zuletzt kommt das bedeutendste Puzzlestück im Bild der Polizei über Rune als Mörder Olof Palmes hinzu. Der Zeuge D. gibt an, daß ihn eine Person auf der Döbelnsgatan am Mordabend zu stoppen versucht habe, um in seinem Auto mitgenommen zu werden. Die Döbelnsgatan liegt nur einige Straßenzüge vom Tatort entfernt und der Zeitpunkt des Vorfalls lag unmittelbar nach dem des Mordes. Als der Ermittlungsbeamte K. G. Svensson berichtet, daß D. bei einer Spiegelkonfrontation Rune mit hundertprozentiger Sicherheit herausgegriffen habe, beschließt Svensson, Rune in Haft zu nehmen. Die Angaben des Zeugen D. sind ausschlaggebend für K. G. Svenssons Entschluß, denn er meint, daß alles darauf hindeute, daß Rune versuchte, vom Ort des Geschehens zu fliehen. Die anderen Umstände verstärken das Bild von Rune als den Täter. Es ist der 17. März und es sieht schlecht für Rune aus.

8. Kapitel
Der Mann auf der Döbelnsgatan

Zur selben Zeit, als die Verhaftung Runes vorbereitet wird, hält Hans Holmér eine Pressekonferenz ab. Er sagt bei dieser Gelegenheit, daß der „33jährige lügt oder nicht sagen will, was er in der Mordnacht getan hat." Holmér nennt als Beispiel für diese „Lügen", daß Rune nicht zugeben will, einen Autofahrer auf der Döbelnsgatan zu stoppen versucht zu haben, und sich in das Kino „Saga" hineingeschlichen zu haben, nachdem die Vorstellung bereits begonnen hatte. Holmér zufolge gebe es Hinweise dafür, daß Rune auf der Flucht gewesen sei.

Hans Holmér hält die Aussagen der Zeugen für die Wahrheit und betrachtet Runes Darstellungen als Lügen. Aber lügt Rune? Oder spricht er die Wahrheit, wenn er die Behauptungen der Polizei bestreitet? Ich werde auf alle Verdachtsmomente eingehen, die gegen Rune vorgebracht werden, und beginne mit denen, die die Zeit vor dem Mord betreffen.

Nach Aussagen des Zeugen T. hat Rune gesagt, Palme stehe auf der Todesliste und Blut werde auf den Straßen Stockholms fließen. Diese Zeugenaussage verwickelte Rune in die Ermittlungen der Polizei. Aber Runes Äußerung galt nicht einer „eigenen Todesliste" und es war auch nicht Rune, der dafür sorgen wollte, daß Blut auf den Straßen fließt. Statt dessen fiel die Äußerung in einer Diskussion zwischen Rune und dem Zeugen T. über die Frage, was passieren würde, wenn die Sowjetunion Schweden überfiele. Rune hielt das für wahrscheinlich, meinte also, daß Palme auf „der Todesliste der Russen" stehe, und daß die Russen dafür sorgen würden, daß Blut auf Stockholms Straßen fließen werde.

Den Zusammenhang der scheinbar blutrünstigen Behauptungen erläuterte mir Rune in einem Gespräch. Sein Hinweis, wie die Äußerungen gedeutet werden müssen, wird voll und ganz von dem schriftlich vorliegenden Vernehmungsprotokoll des Zeugen T. bestätigt: „Dann sprach er von einigen Männern, ich weiß nicht genau, was das für Männer waren, aber es waren offensichtlich einige Kommunisten oder Sowjets, die jemanden getroffen hatten, der A. B. hieß und Prediger sein sollte. Und dieser Prediger hatte diese Männer angegriffen und deshalb stand er auf der Todesliste. Auch Palme ist in den Augen der Russen viel zu konservativ, und deshalb werden sie ihn als ersten erledigen. Ihn werden sie als ersten erledigen, sagte er und, es wird ein Blutbad geben. Es wird ein solches Blutbad geben, daß Blut auf den Straßen Stockholms fließen wird."

Es sind also die Ermittlungsbeamten der Polizei, die Runes Äußerungen anders auslegten, als sie gemeint gewesen waren.

Rune war gegenüber Olof Palmes Politik offensichtlich feindselig eingestellt und vielleicht auch gegenüber Olof Palme selbst. Aber diese Haltung teilt er mit vielen anderen Schweden. Rune diskutierte oft über Politik, mit vielen Menschen. Er knüpfte leicht spontanen Kontakt, allein an dem Abend, an dem Olof Palme ermordet wurde, führte er zwei lange Gespräche, in denen er sich negativ über Olof Palmes Politik äußerte. Soweit zu den Zeugenaussagen über Runes „Palme-feindlichen" Äußerungen. Wichtig in diesem Zusammenhang ist, daß es keine Aussagen über Äußerungen Runes gibt, Palme aus dem Weg räumen zu wollen.

Als zusätzliches Indiz für Runes angeblichen Haß auf Olof Palme wird behauptet, Rune sei Mitglied der EAP gewesen, die schon seit längerem eine Hetzkampagne gegen Olof Palme führte. Als Beweis für Runes Mitgliedschaft wird einerseits die Tatsache angeführt, daß sich seine Unterschrift auf den EAP-Listen befindet, die zur Registrierung für die Reichstagswahlen eingereicht wurden, zum anderen, daß EAP-Schriften in Runes Wohnung gefunden wurden. Aber Rune selbst erklärt seine „Verbindungen" mit der EAP damit, daß er einmal seinen Namen in eine Liste eingetragen habe, in der es um den Anschluß Schwedens an die NATO ging. Diese zu einem bestimmten Anlaß gegebene Unterschrift benutzte dann die EAP zusammen mit einer großen Anzahl anderer Unterschriften für die Wahlregistrierung. Noch mehr Menschen als nur Rune sind auf diesen Betrug hereingefallen. Die EAP-Schriften in seiner Wohnung beruhen Runes eigener Aussage zufolge auf seinem allgemeinen politischen Interesse.

In der Beweiskette der Polizei wird weiterhin angeführt, daß Rune einen großen, blonden Kompagnon, B., hat. In einem früheren Kapitel habe ich aber bereits gezeigt, daß es für die Polizei keinen wirklichen Grund für die Annahme gab, ein blonder Riese sei am Mord an Olof Palme beteiligt gewesen. Der Ausgangspunkt für diesen erschwerenden Verdacht war also bereits falsch.

Runes Kompagnon B. wurde am 23. März kurz nach 6 Uhr morgens zu einem Verhör abgeholt. Er wurde sodann von der Polizei gezwungen, in einem Konfrontationsraum vor achtzehn Zeugen umherzulaufen. Spätestens sechs Stunden nach der Festnahme hätte B. nach schwedischem Recht freigelassen werden müssen, wenn man ihm nicht den Verdacht der Beteiligung an einem Verbrechen mitteilen konnte. Aber gegen zwölf Uhr waren die Gegenüberstellungen noch nicht abgeschlossen. In dieser Situation beschloß der Chef der Kriminalabteilung, Hans Wranghult, B. noch länger festzuhalten. Dieser Beschluß wurde gefaßt, ohne daß man die Staatsanwaltschaft kontaktierte.

Gegen welchen Paragraphen des Strafgesetzes B. versto-
ßen haben sollte, wurde ihm nicht mitgeteilt. Mit Rune
bekannt sowie lang und blond geraten zu sein, reichte nach
der Holmérschen und Wranghultschen Neuauslegung der
Gesetze aus, B. weiterhin festzuhalten.

Die Polizei ließ letztendlich doch von B. ab, weil nicht
einmal die einzige Person, die tatsächlich einen blonden,
großgewachsenen Mann gesehen haben wollte (der Künst-
ler auf dem Sergels torg), ihn wiederzuerkennen ver-
mochte. B. ist eines der wirklichen Opfer in dieser Ermittlung. Ihn hat die Verdächtigung sehr hart getroffen. Ein
Ermittlungsbeamter berichtete mir, man habe B. weitaus
früher aus der Liste der verdächtigen Personen streichen
können. Nichts, aber auch gar nichts rechtfertigte die
groteske Behandlung, die ihm von seiten der Polizei
widerfuhr, – außer der mögliche Wunsch Holmérs, seine
äußerst dünne Theorie über den „Schatten" zu stärken.

Um die Reste von Zündsatzpartikeln auf Runes Jacke
machte Hans Holmér den größten Wirbel. Es handelte
sich um zwei mikroskopisch kleine Körner auf einem der
Jackenärmel. Über diese Partikel berichtete Holmér auf
einer Pressekonferenz am 31. März 1986, also zwölf Tage,
nachdem Rune auf freien Fuß gesetzt worden war. Die
Massenmedien hatten zu diesem Zeitpunkt über den Fund
auf der Jacke zwar bereits kurz berichtet, auf dieser Pressekonferenz ging Hans Holmér jedoch erstmals eingehender
auf die Sache ein.

Was Holmér jedoch dabei verschwieg, war seine Kenntnis darüber, daß es „Kontraindikationen" betreffs dieser
Partikel gab. Er wußte aufgrund vorläufiger Laborbe-
richte, daß diese nicht von der Mordwaffe stammten, vorausgesetzt, daß die Mordwaffe ein Magnum-Revolver ist
und die aufgefundenen Kugeln die richtigen sind. Auf
Olof und Lisbet Palme wurde mit Winchestermunition
geschossen. Wenn die Zündsatzpartikel auf Runes Jacken-

ärmel von Interesse sein sollten, müßten sie also vom selben Munitionstyp herrühren. Eine solche Untersuchung wird auf die Weise durchgeführt, daß man analysiert, welche Grundstoffe sich in den gefundenen Partikeln befinden, die man dann mit der Zusammensetzung der Grundstoffe in der betreffenden Munitionsart vergleicht.

Im vorliegenden Fall fehlte den Zündsatzpartikeln einer der Grundstoffe der Winchestermunition, nämlich Aluminium. Eines der mikroskopisch kleinen Körner war im übrigen so klein, daß nicht ausgeschlossen werden konnte, daß es sich einfach nur um Schmutz handelte.

Rune selbst glaubt, daß er die Partikel beim Abschießen von Neujahrsraketen zu Silvester 1985 auf den Ärmel bekam. Das mag richtig oder falsch sein. Von der Mordwaffe rühren die Partikel jedenfalls nicht her.

Rund ein Jahr nach Holmérs sorgfältiger Beschreibung der Zündsatzpartikel auf der Pressekonferenz gab er selbst eine Erklärung darüber ab, warum er wider besseren Wissens Rune in dieser Hinsicht verdächtigt hatte. Dies geschah im Sommer 1987 in einer großen Serie von Interviews, die er „Dagens Nyheter" als zu dem Zeitpunkt bereits abgelöster Bezirkspolizeichef gab. Die Interviews sind von Holmér selbst gebilligt worden. [Sie liegen inzwischen auch als Buchveröffentlichung vor: Ann-Marie Åsheden, Jakten på Olof Palmes Mördare. De tre första månaderna, Stockholm (Bonniers) 1987. Der Übers.] Er gibt auch darin nicht zu, daß er schon während der Pressekonferenz gewußt hatte, daß die Partikel auf Runes Jacke für die Ermittlungen keinen Wert besaßen. Er erklärte das Spiel aber mit folgenden Worten: „Die Hoffnung war nun, daß es dem '33jährigen' mulmig würde. Deshalb erzählte ich von den Partikeln auf seiner Jacke. Nun würde er hoffentlich nervös werden."

Keines dieser Verdachtsmomente sprach bei näherer Betrachtung gegen Rune. Aber wie war es mit den Zeugen-

71

aussagen, die besagten, Rune in der Mordnacht umher-
streunen gesehen zu haben? Die Zeugin N. hatte berichtet,
sie habe einen Mann in einem Hähnchengrill von „Kentucky Fried Chicken" in der Nähe des Kino „Grand"
ungefähr zur selben Zeit beobachtet, als Olof und Lisbet
Palme ins Kino gingen. Der Mann hatte sich merkwürdig
nervös verhalten und habe den Hähnchengrill dann gegen
21.10 Uhr verlassen. N. greift Rune aus etwa 2000 Fotographien heraus, macht aber dabei eine Anmerkung: „Der
Mann, den ich sah, hatte keinen Schnurrbart." Das heraus-
gegriffene Bild zeigt Rune mit einem Schnurrbart und „das
irritiert die Zeugin". N. erkennt Rune noch einmal wieder, dieses Mal bei einer Spiegelkonfrontation, unter einer
Anzahl „lebender Menschen".

Abgesehen von der Tatsache, daß der Besuch in einem
Hähnchengrill nicht das gleiche ist wie die Vorbereitung
eines Verbrechens, ist N.'s Zeugenaussage in der Ermittlung gegen Rune wertlos. Es ist nämlich nicht Rune, den
die Zeugin gesehen hat. Das läßt sich aufgrund dreier
verschiedener Umstände eindeutig feststellen: Zum einen
stimmt die Beschreibung der Kleidung des beobachteten
Mannes nicht mit der Kleidung überein, die Rune an diesem Abend trug. Zum anderen befindet sich Rune gegen
21.10 Uhr nicht in der Nähe des Kino „Grand"; zu diesem
Zeitpunkt ist er in dem Café „Mon Chérie" auf der Kungsgatan. Das bestätigt der Zeuge O., der in dem Café arbeitet
und Rune kennt. O. war vorher im Kino gewesen und ist
sich deshalb über diesen Zeitpunkt ganz sicher. Und der
dritte Umstand, der schließlich N.'s Zeugenaussage in
nichts auflöst, ist die Tatsache, daß Rune an diesem Abend
einen Schnurrbart trug. Das bestätigt unter anderem der
Zeuge P., auf den ich weiter unten im Text zurückkommen werde.

Wie konnte es nun geschehen, daß N. dennoch Runes
Bild unter vielen herausgriff? Das kann darauf beruhen,

daß der Zeugin zunächst zehn Fotographien vorgelegt werden, von denen eine Rune abbildet. Zu diesem Zeitpunkt ist sie noch nicht in der Lage, Rune wiederzuerkennen. Danach zeigt ihr die Polizei ungefähr 2000 Bilder, und erst jetzt greift sie Rune heraus, denn jetzt hat sie sein Bild bereits einmal gesehen. In einer Vernehmung wird N. noch einmal ein Bild von Rune vorgelegt, dieses Mal von ihm allein. Und zuletzt, nachdem sie also dreimal die Gelegenheit hatte, Bilder von Rune zu sehen, erkennt sie ihn bei einer Spiegelkonfrontation wieder.

Zwei Mädchen, die Zeuginnen S. und Z., sollen nach Angaben der Ermittlungsbeamten Rune als den Mann wiedererkannt haben, den sie gegen 23.45 Uhr in der Mordnacht in das Kino „Saga" haben kommen sehen. Holmér bezeichnete dies auf einer Pressekonferenz als einen Fluchtversuch des Verdächtigen. S. und Z. werden schon am Samstag, den 8. März, gegen 20 Uhr, mit Rune und sechs anderen Personen konfrontiert, also schon während der ersten Festnahme Runes. Aber keines der Mädchen erkennt Rune wieder. Z. behauptet, dem schriftlichen Protokoll der Gegenüberstellung zufolge, daß einer der anderen vorgeführten Personen dem Mann gleiche, den sie in das Kino „Saga" hereinkommen sah. Auf die direkte Frage, ob „keiner von den anderen ihm gleicht", antwortet sie mit „Nein". Nach dieser Konfrontation werden ihr eine Anzahl von Fotografien gezeigt, von denen eine Rune darstellt. Erst jetzt, nachdem sie ihn schon einmal gesehen hat, erkennt sie Rune wieder.

Das Mädchen S. kann sich zwischen zwei Personen in der vorgeführten Gruppe nicht entscheiden. Eine von ihnen ist Rune. S. glaubt, daß Runes Frisur mit derjenigen des Mannes übereinstimmen könnte, den sie im „Saga" gesehen hatte. Als S. die Nummer nennt, die Rune bei der Konfrontation auf der Brust trägt, hakt der Polizist sofort nach. Es ist Kriminalinspektor B. W., der die Gegenüberstellung leitet, derselbe Mann, der später das Verhör von Rune übernehmen wird. B. W. lenkt die Zeugin S. so, daß sie nur noch über Rune spricht und nicht mehr über die andere Person, von der sie glaubt, daß sie es auch gewesen sein könnte. Aber dennoch ergeben sich nicht viele Anhaltspunkte, die auf Rune schließen lassen; S. sagt nur, Runes Frisur und Kinnpartie würden mit ihrer Erinnerung zusammenpassen, sagt aber auch, daß er von zu kräftiger Statur sei. S. und Z. haben also in der Dunkelheit des Kinosaales einen Mann gesehen, und S. sagt spontan bei einer Konfrontation, daß Rune aufgrund der Frisur und vielleicht der Kinnpartie der „richtige" sein könne. Z. erkennt Rune überhaupt nicht wieder, bis ihr im Nachhinein ein Bild von ihm gezeigt wird.

Obwohl diese Zeugenaussagen sehr vage sind, kann man nicht hundertprozentig aussschließen, daß es tatsächlich Rune gewesen ist, den die Mädchen gesehen haben. Rune selbst sagt, daß er zu diesem Zeitpunkt in ein Kino gegangen sein könnte, daß es aber mit Sicherheit nicht das Kino „Saga" war. Dies erzählt er der Polizei bereits bei dem ersten Verhör. Das Personal des Kinos erinnert sich überhaupt nicht, ob eine Person noch so spät in den Vorführraum hineingegangen ist. Doch selbst wenn es Rune gewesen sein sollte, weist dies noch nicht auf eine Verbindung mit dem Verbrechen hin. Möglicherweise wäre die Beobachtung der Mädchen dann interessant, wenn irgendein anderer Zeuge darauf hingewiesen hätte, daß Rune „auf der Flucht" war, oder es eine andere konkrete Verbindung zwischen dieser Beobachtung und dem Mord oder dem Mordplatz gäbe. Aber solche Aussagen gibt es nicht.

Somit ist es an der Zeit, den Hauptzeugen näher zu betrachten, den die Polizei gegen Rune ins Feld führt. Es ist der Autofahrer D., der angibt, er sei von einem herbeieilenden Mann auf der Döbelnsgatan angehalten und in englischer Sprache aufgefordert worden, ihn von dem Ort wegzufahren. D. hatte sich bedroht gefühlt und den Mann nicht in das Auto gelassen. Als D. sich weigerte, soll der Mann ihn mehrmals mit „verdammter Kanaker!" angeschrien haben.

D. kann jedoch keinen exakten Zeitpunkt dafür angeben, lediglich, daß sich dieser Vorfall zwischen 23.30 Uhr und 1 Uhr in der Mordnacht ereignet habe. Die Polizei recherchiert D.'s Unternehmungen an diesem Abend und kommt zu dem Schluß, daß es sich hierbei wahrscheinlich um 23.30 Uhr gehandelt haben muß. Damit wird die Aussage für die Ermittler interessant: Der Versuch eines Mannes, ein Auto zu stoppen, kann als Flucht des Mörders interpretiert werden.

Rune wird bald darauf in einer Gruppe von zehn Männern dem Zeugen D. gegenübergestellt. Dies geschieht am Sonntag, dem 16. März. Der Leiter der Vernehmung, es handelt sich wieder um Kriminalinspektor B. W., berichtet später Staatsanwalt K. G. Svensson, daß „D. mit hundertprozentiger Sicherheit Rune wiedererkannt hat". Diese polizeiliche Mitteilung ist entscheidend dafür, daß K. G. Svensson am 17. März einen Haftbefehl gegen Rune erläßt.

K. G. Svenssons Assistent, Lage Carlström, kommt die Sache jedoch verdächtig vor. Er verlangt nach der Niederschrift der Gegenüberstellung und findet dort eine schwer verständliche Äußerung von D. Zu Beginn der Gegenüberstellung fragt D. nämlich: „Wo sind vier und acht, die ich ihnen gestern zeigte?"

Lage Carlström meint, dies könne darauf hindeuten, daß D. schon bei einer früheren Konfrontation zugegen gewesen ist. D. scheint nach numerierten Menschen zu fragen, die er bereits benannt hatte. Nach weiteren Nachforschungen findet Carlström heraus, daß am Tage vor der Spiegelkonfrontation zwei Polizisten bei D. zu Hause waren und ihm bei dieser Gelegenheit numerierte Fotografien von einer Anzahl Personen gezeigt hatten. Rune war Nummer 5 in dieser Bildauswahl. D. fragte nach den Bildern mit den Nummern 4 und 8.

Als die Polizei nun D. mit „lebenden" Menschen konfrontiert, hat Rune die Nr. 2 bekommen. Aber D. fragt sofort nach den Nummern 4 und 8, also nach den Personen, die er am Tag zuvor identifiziert hatte und die er in der Gruppe, vor der er nun steht, nicht wiederfinden kann.

Diese Vernehmung ist es wert, vollständig wiedergegeben zu werden. Es ist die Niederschrift der Tonbandaufnahme. Die Vernehmung wird auf Schwedisch geführt, eine Sprache, die D. schlecht beherrscht. Runes Anwalt Gunnar Falk ist auch zugegen. Kriminalinspektor B. W. beginnt:

„Sie können doch direkt vor den Spiegel treten, wenn Sie wollen, dort stehen sie numeriert, von zwei an aufwärts."

D.: „Wo sind vier und sechs? Vier und acht, vier und acht, die ich Ihnen gestern gezeigt habe?"

B. W.: „Vier befindet sich hier nicht unter diesen Männern."

D.: „Nein, er ist nicht hier."

B. W.: „Können Sie einen von den Männern, die jetzt einzeln vortreten, wiedererkennen?"

D.: (unverständlich).

B. W.: „Sie brauchen nichts zu sagen, bevor Sie etwas sehen."

D.: (unverständlich) – „Nein – das ist der Mann, dort drüben. Dort drüben, den …"

B. W.: „Sie brauchen nichts zu sagen, bevor der Mann nach vorne tritt. Sie können ganz ruhig bleiben, wenn Sie niemanden wiedererkennen. Und wenn Sie jemanden wiedererkennen, wenn er nach vorne tritt, sagen Sie einfach die Nummer."

D.: „Acht, acht."

B. W.: „War es Nummer acht?"

D.: „Acht, ja."

B. W.: „War er es?"

D.: „Acht und – neun, (unverständlich)."

B. W.: „War es nicht acht?"

D.: „Acht und der zweite. Zwei, es sind zwei." [Im schwedischen Original „andra", was sowohl „andere" als auch „der zweite" heißen kann. – Der Übers.]

B. W.: „Meinen Sie mit dem zweiten die Nummer zwei?"

D.: „Nummer zwei."

B. W.: „Aber sind Sie sicher, daß es Nummer zwei ist?"

D.: „Ich habe ihn getroffen."

B. W.: „War das der Mann?"

D.: „Ja, (unverständlich)."

B. W.: „Nun ist Nummer zwei vor dem Spiegel, ist er es?"

D.: „Ich habe ihn getroffen."

B. W.: „Sind Sie hundertprozentig sicher, daß er es war?"

D.: „Ja."

Der Anwalt Gunnar Falk: „Haben Sie die ganze Gruppe Männer gesehen?"

D.: „Hm."

Falk: „Ist Nummer zwei der Mann, dessen Sie sich hundertprozentig sicher sind, ist er der Mann, der Sie angehalten hat?"

D.: „Der ... hat mich angehalten."

Falk: „Ja. Die übrigen Männer, schließen Sie sie aus?"

D.: „Ich kenne sie nicht?"

Falk: „Nein, ich habe keine Fragen mehr."

Was bei dieser Vernehmung geschieht, ist folgendes: D. fragt zunächst nach den Personen, die er am Tag zuvor aus der Gruppe herausgegriffen hat, also „vier" und „acht". Er erhält zur Antwort, „vier" sei nicht dabei. Daraufhin greift D. die Nummer acht heraus. Dann scheint er diese Identifizierung rückgängig zu machen, aber es bleibt unklar, was er genau meint. Er fragt sodann nach der „Nummer acht" und dem „zweiten". Den Ausdruck „der zweite" deutet der Vernehmungsleiter B. W. sofort als gleichbedeutend mit der Nummer zwei in der Konfrontationsgruppe, das heißt Rune. D. scheint dies zu bestätigen, woraufhin B. W. eine zielgerichtete Frage stellt: „Sind Sie hundertprozentig sicher, daß er es war?"

Aber mit dem Ausdruck „der zweite" kann D. genausogut die Nummer vier der Fotopräsentation des Vortages gemeint haben; er beginnt ja das Verhör mit der Frage nach Nummer vier und Nummer acht. Wenn er also nach der Nummer acht und „dem zweiten" fragt, kann er auch die *zweite* Person meinen, die er am Tage zuvor herausgegriffen hatte. Ob absichtlich oder nicht deutet B. W. „den zweiten" als die Nummer zwei.

Daß D. mit dem Ausdruck „der zweite" tatsächlich die Nummer vier der Fotopräsentation meinte, wird durch das bestätigt, was über die Niederschrift hinaus am Ende des Tonbandes gesagt wird. Das Tonband läuft nämlich noch einen Augenblick weiter und man hört D. fragen: „Und diese Nummer vier?" D. erinnert sich also noch an das Bild der Nummer vier und fragt ein weiteres Mal nach ihm. Diese Äußerung fehlt in der Niederschrift.

Da D. der wichtigste Zeuge gegen Rune ist, wird der Grund für die Festnahme hinfällig. K. G. Svensson zieht seinen Haftbefehl zurück und setzt Rune auf freien Fuß.

Als die Medien über die Freilassung Runes berichten, wird nur gesagt, daß die Polizei dem Zeugen D. eine Fotografie Runes gezeigt habe und dadurch der Wert der Identifikation bei der Spiegelkonfrontation geringer wurde. Hans Holmér beschreibt den Fehlschlag der Polizei auf die gleiche Weise. Aber tatsächlich handelte es sich gar nicht um einen Fehlschlag. Der Zeuge D. hatte nicht nur vorher ein Bild Runes gesehen, er hatte auch gänzlich andere Personen bei dieser Fotokonfrontation identifiziert. Das Ergebnis der Fotokonfrontation wurde jedoch vor K. G. Svensson verheimlicht, aus dem einfachen Grund, weil es nicht zur Zufriedenheit der Polizei – oder zumindest des Vernehmungsleiters B. W. – ausgefallen war. Außerdem war das Resultat der Spiegelkonfrontation zu Runes Nachteil gedeutet worden – unter anderem aufgrund von Fangfragen.

Auch der Anwalt Gunnar Falk zeigte sich durch die Äußerungen des Zeugen D. bei der Konfrontation verwirrt. Direkt danach fragte er B. W., ob irgendwelche Fotokonfrontationen mit dem Zeugen D. stattgefunden hätten. B. W. antwortete, daß er davon nichts wüßte, er sich aber darum kümmern wolle – obwohl es B. W. selbst war, der die Fotokonfrontation am Tage zuvor angeordnet hatte. Am späten Nachmittag meldete sich B. W. nochmals bei Gunnar Falk und teilt ihm mit, daß der Spiegelkonfrontation keine Fotovorführung vorausgegangen sei.

Ob der Kriminalinspektor dieses Ausweichmanöver aus eigenem Antrieb durchführte, um Runes Widerstand im Verhör brechen zu können, oder ob das psychologische Klima unter Holmérs Leitung solcher Art war, daß B. W. dem Recht ein wenig auf die Sprünge helfen wollte, oder B. W. gar direkt von Hans Holmér zu Lügen ermuntert wurde, um Rune der Tatbeteiligung verdächtigen zu können, kann ich nicht sagen. Ich kann lediglich konstatieren, daß die Aufdeckung der Zeugenbeeinflussung nicht zu einer Änderung in Hans Holmérs Verhalten gegenüber Rune führte. Unter anderem fuhr er damit fort, ihn zu verdächtigen, beispielsweise damit, daß er von den Zündsatzpartikeln auf Runes Jackenärmeln während einer Pressekonferenz sprach, zwölf Tage, nachdem Rune freigelassen worden war. In der von Hans Holmér genehmigten

Artikelserie in „Dagens Nyheter" im Sommer 1987 werden auch die tatsächlichen Gründe verschwiegen, die zur Freilassung Runes am 19. März 1986 führten.

Unmittelbar bevor Rune freigelassen wurde, unternahm K. G. Svensson zwei zusätzliche Kontrollen, um auf eigene Faust die Glaubwürdigkeit des Zeugen D. zu ermitteln. Er ließ, in Anwesenheit von Runes Anwalt Gunnar Falk, D. noch einmal die ursprüngliche Reihe der Fotografien betrachten und ihn Rune persönlich gegenüberstellen. Der Zeuge D. behauptete dabei, daß es Rune gewesen sei, der ihn auf der Döbelnsgatan angehalten habe. D. konnte jedoch nicht sagen, was genau an Runes Aussehen ihn als den Mann auf der Döbelnsgatan auswies. Zu diesem Zeitpunkt hatte D. Rune bereits in so vielen Zusammenhängen gesehen, daß der Wert dieser Zeugenaussage gleich Null war. K. G. Svensson stellte zudem in Frage, ob das Ereignis auf der Döbelnsgatan überhaupt stattgefunden hatte.

Die letzten Reste seiner Glaubwürdigkeit räumte D. am Schluß selbst aus dem Weg. Am 9. April 1986, zwanzig Tage nachdem Rune freigelassen worden war, setzt sich D. nochmals mit der Polizei in Verbindung. Diesmal will er ihr mitteilen, gegen halb elf am Mordabend auch den Mann gesehen zu haben, der auf dem „Phantombild" der Polizei abgebildet ist.

Die Voruntersuchung gegen Rune wird auch nach seiner Freilassung fortgesetzt. Unter anderem wird er zum Monatswechsel April/Mai ein weiteres Mal ungefähr 50 Zeugen in einer Spiegelkonfrontation gegenübergestellt. Keiner der Zeugen kann jedoch Rune identifizieren. All die Verdachtsmomente, die gegen Rune sprachen, waren zu nichtigen Resten zusammengeschmolzen. Es gab gegen ihn nichts mehr vorzubringen, was von Wert gewesen wäre. Nach schwedischer Rechtsauffassung ist ein Verdächtiger damit per Definition unschuldig. Die Polizei und die Staatsanwaltschaft haben die Schuld eines Verdächtigen zu beweisen und nicht der Verdächtige seine Unschuld.

Aber die schwedische Rechtsauffassung scheint nicht für Rune zu gelten. Daß nichts für seine Schuld spricht, reicht nicht aus, um ihn zu rehabilitieren und die Verfolgungen endlich einzustellen. Es scheint demnach notwendig, seine Unschuld nachzuweisen.

9. Kapitel
Das Alibi

Nichts spricht dafür, daß Rune schuldig ist. Aber ist er unschuldig? Schon beim ersten Verhör berichtet Rune, daß er am Abend des 28. Februar im Café „Mon Chérie" in der Kungsgatan gewesen sei, seinem Stammlokal. Beim Verhör am 14. März berichtet er auch, daß er mit ein paar jungen Leuten gesprochen habe, die er nicht mit Namen kannte. Er konnte jedoch einige Angaben über sie machen – unter anderem erinnerte er sich, daß einer von ihnen polnischer Abstammung gewesen war. Vielleicht könnten diese Jugendlichen Runes Aussagen bestätigen.

Was Rune hier zu Protokoll gab, bezeichnete Hans Holmér auf einer Pressekonferenz als reine Lügen. Aber in Wirklichkeit war bis dahin nichts unternommen worden, um den Wahrheitsgehalt der Angaben zu überprüfen. Während der Osterfeiertage, Ende März 1986, liest Staatsanwalt K. G. Svensson zum ersten Mal sämtliche Vernehmungsprotokolle (alles in allem 338 DIN-A4 Seiten zusammenfassende Protokolle ohne wortwörtliche Wiedergabe). Ihm wird dabei klar, daß Rune Angaben darüber gemacht hatte, die ihm ein Alibi für den Zeitpunkt des Mordes verschaffen könnten – wenn die Angaben nur überprüft würden. Svensson fordert unmittelbar darauf Kriminalkommissar Å. S. auf, die zwei Jugendlichen, von denen Rune im Verhör berichtet hatte, suchen zu lassen. Bis zum 19. April geschieht jedoch nichts als eine kleine Suchanzeige im Café „Mon Chérie", die jedoch zu nichts führt.

K. G. Svensson beantragt daraufhin, daß mit Hilfe der

Massenmedien Nachforschungen angestellt werden, was aber nicht ausgeführt wird. Der Grund hierfür ist, daß die Fahndungsleitung – in der Praxis also Hans Holmér – beschließt, nicht nach den Zeugen zu suchen. Als der Beschluß gefaßt wird, ist das Tonbandgerät im Palmeraum abgestellt, und ein schriftliches Protokoll wird nicht geführt.

Die Weigerung, Runes eigenen Angaben nachzugehen und ihm somit eventuell ein Alibi zu verschaffen, wiederholt sich noch einmal. K. G. Svensson gelingt es am 12. Mai zunächst, die Rune-Gruppe des Gewaltdezernats dazu zu bewegen, eine Suchmeldung nach den Jugendlichen aufzusetzen, die den Massenmedien übergeben werden soll. Als jedoch Hans Holmér davon Kenntnis bekommt, stoppt er diese Suchmeldung. Dieses Mal wird ein formaler Grund vorgeschoben: Die Pressemitteilung sei so formuliert, als ob die Polizei die Zeugen suche, während Hans Holmér meint, daß es die Staatsanwaltschaft selbst sei, die dies tue.

K. G. Svensson – der trotz allem der Leiter der Voruntersuchung ist – beschließt daraufhin, die Suchmeldung in Eigenverantwortung herauszugeben. Mitglieder der „Rune-Gruppe", in der es immer noch Polizisten gibt, die dafür Sorge tragen, daß alles mit rechten Dingen zugeht, wagen es ausnahmsweise, sich gegen Hans Holmér zu stellen, und nehmen Kontakt zu den Massenmedien auf.

Auch Runes Anwalt Gunnar Falk hatte von Anfang an verlangt, die Jugendlichen suchen zu lassen, und ihm war von der Polizei mitgeteilt worden, daß dies geschehe, was Falk zunächst auch glaubt. Erst am 13. Mai erfährt er die Wahrheit. Die beiden Stockholmer Abendzeitungen veröffentlichen die Suchmeldung am 14. Mai. Die beiden Jugendlichen N. und P. lesen sie und begreifen, daß *sie* damit gemeint sind. Noch am selben Tag melden sie sich bei der Polizei.

Sie bestätigen, daß sie am Abend des 28. Februar mit einer Person im „Mon Chérie" gesprochen haben. Als ihnen ein Videofilm von einer früheren Spiegelkonfrontation vorgeführt wird, erkennen beide sofort und ohne Zweifel, daß es Rune ist, den sie damals getroffen haben. Aber seit jenem Abend sind zweieinhalb Monate vergangen und sie können sich kaum noch an den genauen Zeitpunkt erinnern. Sie haben mit Rune ungefähr eine Stunde gesprochen, sind sich aber nicht sicher, ob es zwischen halb zehn Uhr und halb elf Uhr oder zwischen halb elf Uhr und halb zwölf Uhr war. Oder möglicherweise irgendwann dazwischen. Der Unterschied ist von großer Bedeutung: Olof Palme verließ das Kino zehn Minuten nach elf Uhr und wurde 21 Minuten nach elf Uhr erschossen. Die spätere Zeitangabe der Jugendlichen gibt Rune ein Alibi, die frühere tut dies nicht.

Rune hatte jedoch auch zu Protokoll gegeben, daß er vor dem Gespräch mit den Jugendlichen mit drei Mädchen gesprochen hatte. Auch mit diesen hatte er sich ungefähr eine Stunde lang unterhalten. Diese Mädchen, die Zeuginnen B., S. und M. bestätigen Runes Angaben. Sie sind sich über den Zeitpunkt allerdings sicherer als die beiden Jugendlichen, denn sie waren vorher im Kino gewesen und können deshalb den Abend besser rekonstruieren. So wissen sie genau, daß sie irgendwann zwischen 21 Uhr und 21.15 Uhr ins „Mon Chérie" kamen. Rune war bereits dort (als weitere Zeugen vernommen werden, stellt sich heraus, daß Rune seit mindestens sechs Uhr am Abend im „Mon Chérie" gewesen ist, genau wie er es in seinem Bericht dargestellt hatte). Die drei Mädchen geben an, daß sie ungefähr eine Stunde lang mit Rune gesprochen haben. Die Zeugin B. schätzt, daß sie das Café um 22.30 Uhr verließen, die Zeugin M. glaubt, daß es zwischen 22.30 Uhr und 22.40 Uhr war.

Erst nachdem die Mädchen gegangen waren, wandte

sich Rune dem Nachbartisch zu, und begann mit einem der Jugendlichen, dem Zeugen N., ein Gespräch. Der anderer Jugendliche, der Zeuge P., stand am Tresen und holte Kaffee. Als er zum Tisch zurückkam, beteiligte er sich am Gespräch.

Man diskutiert über Politik. Rune äußert sich wie gewöhnlich ablehnend über Olof Palmes Politik. Sie sprechen auch über Polen, da P. trotz seines schwedischen Namens polnische Verwandte hat. Rune erzählt den beiden, daß er selbst auch schon einmal in Polen gewesen sei. Danach kommen sie auf das Fotografieren zu sprechen. Rune hat seine Kamera in einer kleinen blauen Nylontasche bei sich und zeigt sie ihnen. Weder er noch die Jugendlichen ahnen, daß diese kleine Kameratasche sich im Polizeimythos zum Aufbewahrungsort der Mordwaffe auswachsen würde.

Der Polizei berichten N. und P., daß die Diskussion ungefähr eine Stunde dauerte. Dann verließ Rune das Café.

Als Staatsanwalt K. G. Svensson die verschiedenen Zeitangaben miteinander in Einklang bringt, kommt er zu dem Schluß, daß Rune bis mindestens elf Uhr, vielleicht sogar bis 20 Minuten vor zwölf Uhr im „Mon Chérie" gewesen sein muß. Die Mädchen gingen gegen 22.30 Uhr, danach sprach Rune ungefähr eine Stunde lang mit den Jugendlichen. Somit wäre man bei 23.30 Uhr angelangt – genau dem Zeitpunkt, den Rune selbst angegeben hat. Aber es gibt eine Unsicherheit bei den Zeitangaben: Wenn sich sowohl die beiden Jugendichen als auch die drei Mädchen in der Dauer der Gespräche um 15 Minuten irren, kann man auf eine Zeit vor 23 Uhr kommen, als Rune das Café verließ. Dann allerdings fehlt Rune ein wasserdichtes Alibi. Aber der Zeuge P. erinnert sich noch an ein weiteres Detail, das Rune ein Alibi verschafft. Ich möchte dies von P. selbst erfahren und bitte ihn deshalb, mit ihm sprechen zu können. Ein junger Bursche erscheint und erzählt mir von diesem entscheidenden Detail.

„Rune fragte uns", berichtet P., „ob wir irgendeinen guten Film in einem Nachtkino kennen würden. Wir schlugen ihm 'Schnurrhaare und Erbsen' vor, da wir den Film einige Tage zuvor gesehen hatten. Dann rieten wir ihm auch noch, ins 'Rigoletto 7' oder in ein anderes nettes Kino in der Gegend zu gehen. Dabei schaute ich auf die Uhr und stellte fest, daß es schon nach elf Uhr war und sagte zu Rune, daß die Vorstellungen bereits angefangen hätten."

Es ist also schon nach elf Uhr, dem Beginn vieler Nachtvorstellungen in den Kinos, als dieses Gespräch geführt wird. Wie viele Minuten nach elf Uhr es gewesen ist, erinnert sich P. nicht mehr, aber es war bereits so weit nach elf Uhr, daß er meinte, Rune werde zu spät kommen. Es kann fünf Minuten nach elf Uhr, Viertel nach elf Uhr oder noch später gewesen sein. Aber es war auf jeden Fall deutlich nach elf Uhr.

Kurz darauf erhebt sich Rune und geht. Er erinnert sich nicht, wie bereits vorher gesagt, wohin er daraufhin gegangen ist. Aber der Mörder Olof Palmes muß bereits am Kino „Grand" am Sveavägan gewesen sein, als Olof Palme dort herauskam. Er hat ja das Ehepaar Palme vom Kino aus bis zur Kreuzung Sveavägan/Tunnelgatan verfolgt, bevor er die Schüsse abgab. Der Zeuge Martin hat den Mörder von Norden her kommen sehen – aus der Richtung des Kinos. Andere Zeugen bestätigen die Ansicht, der Mörder müsse das Ehepaar Palme vom Kino aus verfolgt haben. Eine logische Schlußfolgerung führt auch zu der Auffassung, daß der Mörder vor dem Kino auf seine Opfer wartete – er konnte ja nicht wissen, ob Olof und Lisbet Palme in der Winternacht überhaupt zu Fuß nach Hause gehen würden.

Das Kino liegt nördlich vom Tatort. Das Café „Mon

Chérie", in dem Rune sich aufhielt, befindet sich südlich davon, in direkt entgegengesetzter Richtung. Es liegt in der Kungsgatan, ungefähr unter der Brücke, wo die Regeringsgatan die Kungsgatan kreuzt.

Der Film, den Olof und Lisbet Palme sehen, „Die Gebrüder Mozart", endet um 23.04 Uhr. Zu diesem Zeitpunkt ist Rune garantiert noch im „Mon Chérie", 600 Meter vom Kino entfernt. Das Ehepaar Palme verläßt das Foyer des „Grand" um 23.10 Uhr. Da ist Rune mit größter Wahrscheinlichkeit noch immer im Café. Palme wird um 23.21 Uhr erschossen, und auch zu diesem Zeitpunkt ist Rune wahrscheinlich noch im „Mon Chérie" – worauf die Berechnugen der Zeitangaben der drei Mädchen und der beiden Jugendlichen hindeuten.

Auch wenn man von dem denkbar frühesten Zeitpunkt ausgeht, den der Zeuge P. angibt, als er auf seine Armbanduhr schaute, das heißt 23.05 Uhr, kann Rune Olof Palme unmöglich erschossen haben. Der Mörder muß mindestens zwischen 23.06 Uhr und 23.07 Uhr am Kino gewesen sein, um sicher gehen zu können, Olof Palme nicht am Ausgang zu verpassen. Zu diesem Zeitpunkt ist das Gespräch zwischen Rune und den Zeugen N. und P. noch nicht beendet. Und Rune befindet sich zu diesem Zeitpunkt noch immer einen schnellen Fußmarsch von 5 Minuten vom Kino entfernt. Rune kann nicht an zwei Orten zugleich gewesen sein. Er hat also für den entscheidenden Zeitpunkt ein Alibi.

Rune hat im Verhör die Wahrheit gesagt. Er hat *nicht* gelogen und hat durchaus berichten wollen, was er während des Abends gemacht hat.

Zu all diesen Zeugenaussagen hatte Hans Holmér Zugang, als K. G. Svensson am 16. Mai 1986 die Voruntersuchung gegen Rune abbricht. Eine Woche später wird er von einem Reporter des „Aftonbladet" darüber befragt, was die Zeugen über Runes Besuch im „Mon Chérie"

aussagten. Hans Holmér antwortet: „Ein Zeuge sagt, der
'33jährige' war dort zwischen 21.30 Uhr und 22.30 Uhr –
aber es kann genausogut zwischen 20.30 Uhr und 21.30
Uhr gewesen sein." Auch noch ein Jahr später, in der
Interviewserie von „Dagens Nyheter", setzt Holmér seine
Verdächtigungen fort. Er behauptet, daß „der 33jährige
ein Alibi für die Zeit bis 22.40 Uhr hat und daß die Zeit
zwischen 22.40 Uhr und 23.40 Uhr weiß ist." Die entla-
stende Angabe des Zeugen P., daß Rune noch nach 23 Uhr
im „Mon Chérie" gewesen ist, ist wie weggewischt.

Darüberhinaus kommt eine Reihe von Umständen
hinzu, die in Wahrheit Runes Alibi sogar „verdoppeln".
Rune kann überhaupt nicht gewußt haben, daß Olof
Palme das Kino „Grand" besuchte. Die Zeugen bestätigen, daß Rune sich schon um sechs Uhr abends im „Mon
Chérie" befand und sich dort den ganzen Abend aufgehalten habe. Er kann also das Ehepaar Palme nicht von seiner
Wohnung in der Altstadt aus beschattet haben. Auch
wenn man sich eine Theorie zusammenphantasiert, daß
Rune zufällig zu hören bekam, man habe Olof Palme
gesehen, wie er zur Abendvorstellung ins Kino „Grand"
gegangen sei, kann er den Mord nicht ausgeführt haben.
Rune hat mit hundertprozentiger Sicherheit das Café zwischen 21 und 23 Uhr nicht verlassen – außer vielleicht für
kurze Augenblicke, um frische Luft zu schnappen. Ein
solcher Gedanke würde darüberhinaus voraussetzen, daß
Rune tagtäglich mit einem nicht registrierten Magnum
Revolver in der Tasche umherlief. Bisher unberücksichtigt
blieben Differenzen zwischen Runes Aussehen und dem
des Mörders. Der Mörder trug eine blaue oder „dunkle"
Steppjacke, einen Mantel oder Parka ohne Kapuze. Rune
trug eine grüne Jacke mit Kapuze. Der Mörder hatte eine
dunkle Hose an, Rune Jeans. Der Mörder war glattrasiert;
der Zeuge P. bestätigt mir, daß Rune am Abend des 28.
Februar einen Schnurrbart trug.

Die Anschuldigungen gegen Rune können nicht nur zurückgewiesen werden; Rune – der „33jährige" – ist nachweislich unschuldig.

10. Kapitel
Die Regierung greift ein

Die Behandlung Runes durch die Polizei zog politische Konsequenzen nach sich. Schon bei dessen Festnahme am 12. März 1986 war ein starkes politisches Interesse im Spiel. Olof Palme sollte am 15. März beerdigt werden, am Sonnabend zwei Wochen nach dem Mord. Im Stockholmer Stadthaus wurden für die große Beerdigungszeremonie zahlreiche ausländische Ehrengäste erwartet. Es würde sich gut machen, einen Verdächtigen hinter Schloß und Riegel zu haben.

In diesem frühen Stadium der Ermittlungen war es klar, daß die Regierung eher der Version Hans Holmérs Glauben schenkte, welche Fortschritte die Suche nach dem Mörder Olof Palmes machte. Die Vertreter des Justizministeriums – Klas Bergenstrand und Kurt Malmström – waren der Fahndungsleitung im „Palme-Raum" zugeordnet, nicht dem Leiter der Voruntersuchung K. G. Svensson. Der Justizminister Sten Wickbom führte regelmäßig Gespräche mit Hans Holmér. Mit K. G. Svensson sprach er so gut wie nie. Aber im Zusammenhang mit der Forderung der Polizei, Rune mit rund 40 Zeugen konfrontieren zu lassen, eine Anzahl, die später sogar auf 74 Zeugen erhöht wurde, wurde die Regierung zum ersten Mal ernsthaft gezwungen, Farbe zu bekennen.

Hans Holmér hatte vor diesen Gegenüberstellungen alles zusammengesucht, was es in Form von Beobachtungen und auf andere Weise zustandegekommenen Annahmen zu finden gab und mit Rune in Verbindung gebracht werden konnte. So kamen also nicht nur Zeugen zusammen, die am Tatort gewesen waren, oder von denen angenommen werden konnte, Rune am Mordabend in irgendeinem Zusammenhang gesehen zu haben, sondern auch Menschen, die „mysteriöse" Beobachtungen in der U-Bahn oder in Geschäften mehrere Tage vor dem Mord gemacht hatten. Eine der Zeuginnen war in dem Pflegeheim beschäftigt, in dem Alva Myrdal untergebracht war. Im Januar 1986 hatte eine ihr unbekannte Person danach gefragt, in welchem Raum Alva Myrdal liege. Selbst diese Zeugin wurde zur Konfrontation geladen, denn Hans Holmér vertrat die Auffassung, daß es möglicherweise Rune gewesen sein könnte, der vor Alva Myrdals Zimmer hatte warten wollen, um ein Attentat auf Olof Palme auszuüben, wenn dieser dort zu Besuch käme. Eine reine Ausgeburt Holmérscher Phantastereien.

Die Gegenüberstellungen sollten am 28. April 1986 beginnen, und es sollte eine ganze Woche lang ein ständiges Kommen und Gehen vor dem Spiegel des Konfrontationsraumes geben. Der Stand der Ermittlungen war zu diesem Zeitpunkt so, daß alles belastende Material gegen ihn sich als nicht stichhaltig erwiesen hatte, aber noch fehlte das Alibi, da Holmér die Nachforschungen nach den Jugendlichen N. und P. blockierte. Staatsanwalt K. G. Svensson wurde aufgrund dieser Tatsache mehr von dem Wunsch geleitet, Rune zu entlasten als ihn anzuklagen. Er meinte, daß es unnötig sei, Rune eine ganze Woche lang weiteren peinlichen Gegenüberstellungen auszusetzen, wenn die Sache durch die Suche nach den beiden Jugendlichen vielleicht einfacher geklärt werden könnte.

Als Svensson die Liste der Zeugen erhielt, die mit Rune konfrontiert werden sollten, wählte er elf Personen aus und teilte deren Namen dem Chef der Kriminalabteilung, Hans Wranghult, mit. Svensson sagte dabei, daß er gegen weitere Gegenüberstellungen nichts einzuwenden hätte, sofern sie begründet wären.

Die Beschränkung der Zeugenzahl auf elf wurde von Holmér nicht ohne Widerstand hingenommen. Aber selbst diese Auswahl war schon ein Kompromiß gewesen, den Svensson zwischen seinem Gewissen und den Wünschen Holmérs geschlossen hatte. Svensson meinte nämlich, daß höchtens eine einzige Gegenüberstellung begründet sei. Sie betraf den Taxifahrer S. (nicht zu verwechseln mit dem Zeugen und Taxifahrer S. auf dem Sveavägan), der auf der Kreuzung zwischen Brunnsgatan und Malmskillnadsgatan durch einen über die Straße laufenden Mann circa 10 bis 15 Minuten nach dem Mord zu einer Vollbremsung gezwungen worden war. S. gab an, daß Gesicht des Mannes gesehen zu haben, und deshalb meinte Svensson, es könne sinnvoll sein, Rune ihm gegenüberzustellen.

Allen anderen Zeugen, die etwas gesehen hatten oder etwas gesehen haben wollten, was mit Rune in Verbindung gebracht werden könnte, war Rune ja schon früher gegenübergestellt worden. Dieser Taxifahrer S. war nach K. G. Svenssons Meinung der einzig nachgebliebene Zeuge, der eventuell etwas zur Aufklärung beitragen konnte.

Die Beschränkung auf elf Zeugen löste bei Hans Holmér rege Aktivitäten aus. Er hatte formal das Recht, eine Überprüfung von K. G. Svenssons Beschluß zu verlangen. Aber er wählte einen anderen Weg. Wir sollten Hans Holmér selbst berichten lassen, was er unternahm, als er Svenssons Beschluß erhielt. Sein Bericht stammt aus der Artikelserie von „Dagens Nyheter" vom 27. Juli 1987:

„Holmér beschloß sofort, einen neuen Versuch zu unternehmen, den leitenden Staatsanwalt loszuwerden. Er sucht Claes Zeime (Oberstaatsanwalt in Stockholm und Svenssons direkter Vorgesetzter, T. K.) auf, der, seitdem sie das letzte Mal miteinander über den Staatsanwalt gesprochen hatten, auf einen Safariurlaub in Afrika war. Zeime antwortet nicht. Hans Holmér ruft daraufhin den Staatssekretär des Justizministers, Harald Fälth, an und beklagt sich: 'So kann es nicht weitergehen. Wir können nicht mit K. G. Svensson reden, er hört nicht auf uns.'

Dann beginnt das Herumtelefonieren. Fälth an den Reichsstaatsanwalt, der Reichsstaatsanwalt an Svensson, der Reichsstaatsanwalt an Fälth. Fälth an Holmér."

Und weiter:

„Holmér läßt Harald Fälth ausrichten, daß er nicht mehr ohne weiteres mit K. G. Svensson zusammenzuarbeiten gedenkt. Damit sei Schluß. Er geht bis zum Äußersten und nimmt das Risiko auf sich, damit Schiffbruch zu erleiden: 'Nicht nur, daß wir hier in der Fahndungsleitung uns unsere Gedanken machen, jetzt gibt es schon viele fluchende Polizisten im Haus."

Die Erpressungstaktik gelingt. Schon am Sonntag, zwei Tage nachdem K. G. Svensson in der Frage der Gegenüberstellungen seine Entscheidung gefaßt hatte, ruft zunächst der Abteilungsleiter beim Reichsstaatsanwalt, Uno Hagelberg, bei K. G. Svensson an und daraufhin der Reichsstaatsanwalt Magnus Sjöberg selbst. Sie teilen mit, daß sie vom Staatssekretär Fälth Klagen über Svenssons Agieren erhalten hätten und daß Svenssons Entscheidung über elf Gegenüberstellungen vom Reichsstaatsanwalt überprüft werden solle. Dies, obwohl Svensson nicht definitiv angeordnet hatte, daß nach elf Zeugengegenüberstellungen Schluß sein müsse.

Unter diesem Druck gibt Svensson klein bei. Er wird noch ein wenig weiter bedrängt und willigt schließlich in 24 Gegenüberstellungen ein.

Am Montag, den 28. April 1986, werden Svensson und Holmér zum Justizminister Sten Wickbom gerufen. Dieser hat es sich zur Aufgabe gemacht, im Konflikt zwischen dem Staatsanwalt und dem Polizeichef zu vermitteln. Anwesend sind auch der Reichsstaatsanwalt Magnus Sjöberg und der Abteilungsjustitiar Johan Munck. Holmér und Svensson werden von Wickbom gebeten, ihre Ansich-

ten über die Notwendigkeit der Gegenüberstellungen dar-
zulegen. Nach diesen Meinungsäußerungen tritt Wickbom – nach K. G. Svenssons Aussage vor dem Parlamentsausschuß am 3. März 1987 – dafür ein, daß man „so tief wie
möglich in die Ermittlungsarbeit eindringen müsse".

Wickboms Äußerung war in Wirklichkeit eine Unterstützung für Holmérs Ansichten über die Notwendigkeit
der Gegenüberstellungen. Die Verdächtigungen gegen
Rune sollten bis zum Grund verfolgt werden. Eine merkwürdige Äußerung für eine gesetzeskundige Person. Normalerweise muß ein Ermittlungsverfahren dann eingestellt
werden, wenn es keine hinreichenden Verdachtsmomente
mehr gibt. Eine Ermittlung gegen eine einzelne Person bis
„zum Grund" voranzutreiben, bedeutet ja, dessen Leben
umzukrempeln, obwohl es keine wirklichen Verdachtsmomente gibt, oder wie in diesem Fall: Rune einer großen
Anzahl von Zeugen auszusetzen ohne sichtbaren Wert für
die Ermittlung.

Der Reichsstaatsanwalt Magnus Sjöberg berichtet vor
dem Parlamentsausschuß, was dann passierte: Der Justi-
tiar Johan Munck erwähnt das Wort „Überprüfung" von
K. G. Svenssons Entscheidung über die Gegenüberstellungen im selben Augenblick, als Sjöberg das gleiche Wort
auf der Zunge liegt.

Diese Fähigkeit zur telepathischen Gedankenübertra-
gung nimmt sich jedoch weniger mysteriös aus, wenn man
bedenkt, daß der Reichsstaatsanwalt bereits am Tage
zuvor – nach der Unterredung mit dem Staatssekretär im
Justizministerium Harald Fälth – mit Svensson gesprochen hatte, um dessen Entscheidung zu überprüfen.

Die Auseinandersetzung findet schließlich dadurch ein
Ende, daß der Reichsstaatsanwalt entscheidet, Rune genau
50 Zeugen gegenüberzustellen – eine runde und schöne
Zahl, die genau in der Mitte von Holmérs und Svenssons
Auffassungen liegt. Die Entscheidung des Reichsstaatsan-

walts entbehrte also ganz und gar der Überlegung, was die Rechtssicherheit und die Ermittlung erfordert – wie wäre er sonst wohl zu einer Anzahl gekommen, die genau zwischen der des Staatsanwaltes und der des Polizeichefs liegt? Aber obwohl die Entscheidung des Reichsstaatsanwalts scheinbar einen Kompromiß darstellte, war sie in Wirklichkeit eine Unterstützung Holmérs. Sein erster Wunsch betrug „nur" 40 Zeugen. Die Ausweitung auf 74 Zeugen war von ihm vor allem deshalb gemacht worden, um sich eine bessere Verhandlungsbasis zu verschaffen. Holmér wollte einige Abstriche zulassen. So erhielt er statt der ursprünglich vorgesehenen 40 Zeugen sogar 50 für die Gegenüberstellung.

Indem Holmér sich bei Staatssekretär Fälth beklagte, schaffte er es, daß Justizminister Wickbom und Reichsstaatsanwalt Magnus Sjöberg sich für ihn einsetzten. Holmér gelang es außerdem, die Stellung des Staatsanwaltes als Leiter der Voruntersuchung zu unterwandern und die Machtverhältnisse in der Ermittlung ein weiteres Stück zugunsten der Polizei zu verschieben – mit Unterstützung des Justizministeriums.

K. G. Svensson begreift, was die Stunde geschlagen hat, und bittet, vom Fall abgelöst zu werden. Er wird jedoch von seinem Chef, Claes Zeime, überredet, solange die Untersuchungen weiter zu leiten, bis die Ermittlungen gegen Rune abgeschlossen sind. Danach soll ein anderer Staatsanwalt den Fall übernehmen – Zeime selbst.

K. G. Svensson wird jedoch einem weiteren Problem im Zusammenhang mit den Gegenüberstellungen ausgesetzt. Runes Anwalt Gunnar Falk erbittet eine Darstellung der Hintergründe, warum Rune den verschiedenen Zeugen gegenübergestellt werden soll. K. G. Svensson wird dadurch gezwungen, die Gegenüberstellungen zu begründen, obwohl er selbst von der Unnötigkeit überzeugt ist. Falk hat zu einem früheren Zeitpunkt mitgeteilt, Rune habe gegen die

Gegenüberstellungen nichts einzuwenden, da er selbst ein Interesse daran habe, entlastet zu werden. Es sei aber nicht sicher, ob Rune bereit sei, allen möglichen Unsinn mitzumachen. Svensson möchte, daß der Reichsstaatsanwalt – der ja die Zahl der Zeugen für die Gegenüberstellung entschied – bestimmen soll, ob die Berichte Gunnar Falk ausgehändigt werden sollen. Der will allerdings nicht, daß Falk dieses Informationsmaterial erhält, wahrscheinlich deshalb, weil dies sowohl ihn als auch Rune beeinflussen könnte, nicht mehr freiwillig mitzuwirken.

Was geschähe, wenn Rune sich nun weigern würde, die Gegenüberstellungen mitzumachen? Dann tauchte die Frage auf, ob er in einem solchen Fall gezwungen werden könne. Der Reichsstaatsanwalt gibt für den Fall, daß Rune sich querstellt, taktische Direktiven aus: Wenn Rune sich konsequent weigere, bei den Gegenüberstellungen mitzumachen, soll der Staatsanwalt mit der Anzahl der gewünschten Gegenüberstellungen auf zwölf (!) heruntergehen – anstatt 50. Weigert Rune sich immer noch, soll der Ankläger um weitere drei Zeugen auf neun heruntergehen. Wenn Rune auch dies nicht akzeptiert, soll ein Haftantrag gegen Rune gestellt werden. Wenn er sich trotz allem weiterhin weigert, soll der Antrag fallengelassen und Rune auf freien Fuß gesetzt werden.

Diese Kompromißpläne gegenüber Falk und Rune, die der Reichsstaatsanwalt entwarf, zeigen, daß er Angst hatte, dem Advokaten Gunnar Falk die Details über die 50 verschiedenen Gegenüberstellungen auszuhändigen. Der Geruch nach einem Kuhhandel mit der Rechtssicherheit als Wechselgeld steigt in die Nase.

Nun erklärte Rune sich aber zu den 50 Gegenüberstellungen bereit. Einerseits hoffte er selbst, dadurch die Beschuldigungen loszuwerden, andererseits wurde ihm von seinem Anwalt Gunnar Falk dazu geraten. Dieser stellte eine heikle Überlegung an.

Seine Aufgabe war es, die Interessen seines Klienten zu vertreten. Rund eine Woche lang ohne einsichtige Gründe 50 Zeugen gegenübergestellt zu werden, lag absolut nicht im Interesse seines Klienten. Falk entschied sich dennoch, Rune zur Teilnahme zu raten, denn Falk glaubte, Holmér würde durch eine Weigerung seines Mandanten die Öffentlichkeit noch stärker auf seine Seite ziehen können. Falk fürchtete ganz einfach, Rune würde durch Holmérs Spiel mit den Massenmedien mehr geschadet, als durch eine Woche unsinniger Gegenüberstellungen.

Die 50 Gegenüberstellungen wurden wie geplant in zusammengenommen vier Tagen in Stockholm durchgeführt. Sie brachten, wie K. G. Svensson vermutet hatte, nichts. Was danach passierte, habe ich bereits berichtet: Gegen Holmérs ausdrückliche Anweisung wurden endlich die Zeugen gesucht, die Rune schon zwei Monate vorher benannt hatte, und die ihm, als sie angehört wurden, endlich ein Alibi verschafften.

Am 16. Mai 1986 stellt K. G. Svensson die Voruntersuchung gegen Rune ein. Dies geschieht unmittelbar, nachdem die Jugendlichen N. und P. Rune ein Alibi verschafft hatten. Eigentlich hatte K. G. Svensson vor, mit der Entscheidung noch eine Woche zu warten, um in aller Ruhe diese entscheidenden Zeugenaussagen zu analysieren. Aber K. G. Svensson hat es eilig. Ihm kommt zu Ohren, daß Holmér intensiv gegen ihn intrigiert, um ihn als Leiter der Voruntersuchung schnellstmöglich loszuwerden. Aus der Erfahrung mit den Gegenüberstellungen klug geworden, begreift K. G. Svensson, daß Holmér gute Aussichten auf Erfolg hat. Svensson will daher Rune vor weiteren Übergriffen von Seiten Holmérs schützen und beschließt, die Voruntersuchung sofort einzustellen. Die Entscheidung wird deshalb von ihm um eine ganze Woche vorgezogen.

K. G. Svensson teilt seine Entscheidung Hans Holmér

mit. Er ruft ebenfalls Gunnar Falk zu sich und verspricht, daß nichts veröffentlicht werden soll, bevor Rune nicht das Polizeipräsidium verlassen hat, um dadurch den intensiven Nachstellungen durch Presse und Schaulustige zu entgehen.

Aber bevor K. G. Svenssons Pressemitteilung verfaßt ist, teilt Hans Holmér auf seiner Pressekonferenz um 14.30 Uhr mit, daß Rune auf freien Fuß gesetzt werden soll. Rune wird dadurch gezwungen, das Präsidium mit einer Eskorte auf einem Seitenweg zu verlassen.

Als Justizkanzler Bengt Hamdahl die Behandlung Runes auf Begehren Gunnar Falks überprüft, kommt er zu dem Ergebnis, daß Rune keinen Rechtsverletzungen ausgesetzt gewesen sei. Und noch im Sommer 1987 weigert sich der neue Fahndungsleiter Ulf Karlsson, den Massenmedien eine klare Antwort auf die Frage zu geben, ob Rune für die Ermittlungen weiterhin interessant sei. Rune ist unschuldig, aber seine Verfolgung hat noch immer nicht aufgehört.

III
Die Kurden

11. Kapitel
Yusuf

Es sind Yusufs Kinder, die ihm die Neuigkeit überbringen. Sie kommen in das Schlafzimmer gestürzt und wekken ihren Vater mit den Worten: „Palme ist ermordet worden! Wir haben es im Fernsehen gesehen! Komm, komm! Schau selbst!" Yusuf glaubt ihnen zunächst nicht, als er aber den Fernsehbericht sieht, begreift er, daß dies Schwierigkeiten für ihn bedeuten wird. Er wird aus dem einfachen Grund verdächtigt werden, weil er der Vorsitzende des Kurdischen Demokratischen Reichsverbandes in Schweden ist. Die schwedische Sicherheitspolizei glaubt, daß er gleichzeitig Führer der Kurdischen Arbeiterpartei (PKK) ist, was bedeutet, daß die schwedische Regierung ihn als Terrorist einstuft und ihn mit Kommunalarrest belegt hat. Über Yusuf hängt zusätzlich die ständige Drohung, des Landes verwiesen zu werden.

Yusufs böse Vorahnungen werden bereits am selben Abend bestätigt. Die Polizei kommt spät abends, nach 22 Uhr, eine Gruppe von sieben Mann. Sie fragen nach Yusufs Kleidung, nach seiner Kopfbedeckung und führen eine Hausdurchsuchung durch. Sie schauen in seine Akten. Auf irgendeinen Durchsuchungsbefehl verweisen sie nicht. Eine Stunde später gehen sie.

Am Tag darauf, es ist ein Sonntag, kommen sie wieder. Dieses Mal wollen sie, daß Yusuf ihnen folgt. Er wird mit dem Auto ins Polizeipräsidium auf Kungsholmen gebracht. Dort fragt ihn die Polizei, was er am Abend des 28. Februar gemacht habe, und Yusuf antwortet, er habe ferngesehen. Er muß über den Inhalt des Fernsehprogramms Bericht erstatten. Sie fragen, was er am besagten Abend gegessen habe. Vor allem wollen sie wissen, was er am 24. Februar in Stockholm zu tun hatte, als sein Kommunalarrest von „seinem" Säpo-Intendenten für einen Tag aufgehoben worden war. Yusuf antwortet, daß er seinen Anwalt aufgesucht und anschließend das kurdische Buchcafé auf der David Bagares gata besucht habe. Später erst erfährt Yusuf, daß die Polizei der Meinung ist, er und andere „PKK-Mitglieder" hätten an diesem Tag und in diesem Café den Mord am Staatsminister geplant.

In türkischen Zeitungen liest Yusuf, daß über die PKK behauptet wird, sie habe den Mord ausgeführt. Die gleiche Anklage hatten türkische Radiosendungen bereits am Tag nach dem Mord vermeldet.

Am 5. März kommen wieder Polizisten in Yusufs Wohnung, die in einem Stockholmer Vorort liegt. Sie sagen, sie kämen vom Reichskriminalamt und wollten dieses Mal auch alle Familienangehörigen vernehmen. Yusuf protestiert. Er fordert sie auf, seine Frau und seine Kinder in Ruhe zu lassen. Die Leute vom Reichskriminalamt legen daraufhin Yusuf, seiner Frau und den vier Kindern Handschellen an und führen sie vor den Augen der Nachbarn aus der Wohnug zu den wartenden Autos. Zwei Kinder sind noch minderjährig.

Über zehn Stunden wird die Familie im Polizeipräsidium auf Kungsholmen in Gewahrsam gehalten. Die Kinder erzählen ihrem Vater später, was mit ihnen geschah. Die Polizei fragte sie unter anderem, wer sie in ihrer Wohnung besuchte, worüber ihr Vater und seine Gäste in der Regel sprachen, was ihr Vater von Olof Palme halte. Als die Kinder sich darüber wundern, warum die Polizei das alles wissen will, erhalten sie nur zur Antwort, die Polizei „verdächtige alle und frage nur". Yusuf selbst wird über die Politik der PKK und über die Vehältnisse im Nahen Osten vernommen – es fällt kein Wort über Palme.

Die Gespräche über die politische Großwetterlage setzt die Polizei auch am nächsten Tag fort, als Yusuf wiederum nach Kungsholmen gebracht wird. Diesmal ist die Unterhaltung aber eher philosophischer Natur: Yusuf solle ihnen etwas über den Marxismus-Leninismus erzählen.

Dieser rät ihnen nur, falls sie etwas darüber erfahren wollten, sollten sie sich doch Bücher zu diesem Thema kaufen.

Danach wird das Verhör abgebrochen. Yusuf liest in der Zeitung, daß eine Person wegen Mordverdachts verhaftet worden sei – es ist der „33jährige" – und nimmt an, daß die Polizei mit dieser Person derart beschäftigt ist, daß sie keine Zeit hat, ihn weiterhin zu belästigen. Aber Yusuf merkt, daß die Polizei ihn immer noch intensiv überwacht. Daß sein Telefon schon seit langer Zeit abgehört wird, weiß er bereits.

Die Säpo will jedoch hin und wieder mit Yusuf sprechen. Dieser lernt auf diese Weise einige der Topleute in der schwedischen Sicherheitspolizei kennen. Da sind zum Beispiel Alf Karlsson, Chef des Büros A der Säpo, dem Antiterrorbüro, und P.-G. Näss, der stellvertretende Säpochef. Die beiden fordern von Yusuf, seine politische Tätigkeit aufzugeben und seine Kontakte zu den schwedischen Massenmedien abzubrechen. Sie wollen auch, daß Yusuf über seine politischen Freunde berichtet, also zum Verräter wird. Alf Karlsson versüßt die Forderungen mit dem Angebot, Yusuf könne mit Hilfe der Säpo Bootsbesitzer werden, und ein Job als Sprachlehrer würde sich sicherlich auch beschaffen lassen.

Aber Yusuf ist nicht käuflich. Er antwortet, daß alles Geld in Schweden nicht ausreiche, um ihn zu kaufen. Später erhält er per Telefon anonyme Drohungen.

Im Laufe des Herbstes spürt Yusuf, wie der Druck auf ihn stärker wird. Die Polizisten, die sich ständig in seiner Nähe aufhalten, sagen mitunter laut „verdammter Palme-mörder", wenn Yusuf an ihnen vorbeigeht. In der Regel wird er von drei Polizisten bewacht, wenn er sich außerhalb seiner Wohnung aufhält. Manchmal klingeln Polizeibeamte an seiner Tür und wenn die Kinder sie öffnen, fragen sie nach Yusuf, wobei sie aber den Namen stark verfremden. Die Kinder, die fließend schwedisch sprechen, verstehen die Kränkung und antworten, daß niemand mit solch einem Namen hier wohne. Es gibt aber auch andere Polizisten, die bei all dem ein schlechtes Gewissen zu bekommen scheinen. Manchmal reden sie, um Verständnis bittend, mit Yusuf: „Wir wissen, daß du es nicht warst, aber wir machen das im Auftrag der Regierung."

Im Spätherbst glaubt Yusuf, den Druck nicht mehr ertragen zu können. Zu einem Bekannten sagt er, er fühle sich, als könne er nicht mehr atmen. Die Polizei sei allzu aufdringlich.

Am Abend des 19. Januar 1987 merkt Yusuf, daß die Aktivitäten vor seiner Wohnung zunehmen. Unten auf der Straße stehen viele Autos mit zahlreichen Leuten. Er begreift, daß irgend etwas passieren wird, und packt seinen Koffer. Dann wartet er. Aber man läßt sich Zeit; es ist schon nach sechs Uhr morgens, als sie kommen. Sie stürmen mit gezogenen Pistolen herein, finden Yusuf im Bett vor und schreien ihn an, er solle sich nicht bewegen. Dabei richten sie gleichzeitig ihre Waffen auf ihn. Yusuf antwortet, daß er sich selbstverständlich nicht rühren werde. Die Polizisten erlauben ihm nicht, sich selbst anzuziehen. In der Wohnung befinden sich rund 15 Polizeibeamte, die nach Yusufs Verhaftung mit einer Wohnungsdurchsuchung beginnen. Sie nehmen Yusufs Bücher, sein Flugblattarchiv, Fotos und Zeitungsauschnitte über Kurdistan mit, sowie sein Radio und seine 250 Kassetten mit kurdischer Musik. Nicht alles wird ihm später zurückgegeben werden.

Als Yusuf aus der Wohnung geführt wird, schießt ein Fotograf von „Svenska Dagbladet" ein Foto von ihm. Yusuf wird nach Kungsholmen gebracht. Sein Anwalt Bengt Söderström, der ihn normalerweise vertritt, kann ihm nicht zur Seite stehen, da ein anderer seiner kurdischen Klienten ebenfalls verhaftet worden ist. Yusuf bittet deshalb, den Anwalt Leif Silbersky als Verteidiger zu erhalten, was auch genehmigt wird.

Yusuf glaubt zunächst fest, die Polizei wolle ihn als Mitverantwortlichen für den Mord an Olof Palme festnageln, aber während des sechstägigen Verhörs wird fast keine einzige Frage dazu gestellt. Statt dessen befragt ihn der Leiter der Vernehmung über einen anderen Mord aus, nämlich den an Cetin Güngör im Gemeindehaus am 2. November 1985. Des Mordes wurde bereits der türkische Staatsbürger N. C. überführt, der in einem schwedischen Gefängnis seine Strafe absitzt. Yusuf erfährt, daß er der Mittäterschaft an diesem Mord verdächtigt wird: Er soll an der Planung teilgenommen haben.

Aber dennoch geht aus den Fragen hervor, daß es der Mord an Palme ist, der die Polizei vordringlich interessiert. Der Leiter des Verhörs fragt Yusuf nach einem Ausdruck, den er in einem Telefongespräch benutzte, das von der Säpo abgehört wurde. Yusuf soll im Zusammenhang mit einer Äußerung über Palme das Wort „Hochzeit" verwendet haben, und die Polizei meint, „Hochzeit" sei ein Deckwort für „Mord". Aber Yusuf erklärt, das Telefongespräch habe sich darum gedreht, die Erlaubnis zu erhalten, vom Kommunalarrest anläßlich des kurdischen Neujahrsfestes, Newroz, das auf den Frühjahrsanfang 1986 fiel, befreit zu werden. Der Ausdruck „Hochzeit" bedeutet in der kurdischen Sprache so viel wie „glückliches Ereignis", und Yusufs Äußerung am Telefon war: „Palme kann uns wohl kaum eine solche Hochzeit verweigern". Er glaubte nicht, daß Palme sein Gesuch abweisen würde.

Yusuf fügt hinzu, daß er exakt denselben Ausdruck in genau dem gleichen Zusammenhang in einem Gespräch mit einem Beamten von ABF [Arbeiter-Bildungsverband, etwa Volkshochschule. – Der Übers.] seiner Vorortgemeinde benutzt habe. Das, so meint Yusuf, müsse die Säpo doch auch wissen, da sie schließlich alle seine Telefongespräche abhöre. Oder sei der ABF vielleicht auch in das ihm unterstellte Mordkomplott verwickelt?

Im Verhör wechseln sich meist Fragen über den Nahen Osten und den Mord im Gemeindehaus ab. Der vernehmende Beamte behauptet, Yusuf sei Mitglied des Zentralkomitees der PKK. Yusuf erklärt dazu, er sympathisiere zwar mit der PKK, was er auch niemals geleugnet habe, bestehe aber darauf, daß er nicht Mitglied der PKK sei, was er auch gar nicht sein könne, da er sich nicht auf kurdischem Gebiet befände. Er gehöre auch nicht dem Zentralkomitee der Partei an, was wiederum aus dem Grunde unmöglich sei, da er nicht Mitglied der Partei sei. Daß er nicht Mitglied des Zentralkomitees sei, werde außerdem dadurch bewiesen, daß er nicht an den Kongressen der PKK teilgenommen habe; die Zeitpunkte, zu denen sie stattfanden, sind bekannt, und man brauche nur seinen Paß zu kontrollieren, um festzustellen, daß er sich zu diesem Zeitpunkt jedesmal in Schweden aufgehalten habe.

Yusuf wird sich mehr und mehr klar darüber, daß sich der Verdacht gegen ihn, er sei am Mord im Gemeindehaus beteiligt gewesen, nur auf die Theorie stützt, daß der Mord in den Augen der Polizei ein von der PKK initiierter Mord war. Da sie unterstellt, daß Yusuf eine Führungsperson der PKK ist, folgert sie, daß er den Mord mit geplant haben muß. Aber nach Yusufs Aussage ist die Grundvoraussetzung dieser Theorie falsch.

Obwohl kein einziger der Anklagepunkte gegen Yusuf belegt werden kann, erlassen die Staatsanwälte Anders

Helin, der bei den Verhören anwesend war, und Solveig Riberdahl einen Haftbefehl gegen Yusuf. Er wird der Beihilfe zum Mord an Cetin Güngör verdächtigt. Gegen zwei weitere Kurden wird in derselben Sache ein Antrag auf Haftbefehl gestellt. In beiden Fällen weist der Haftrichter den Antrag der Staatsanwaltschaft zurück. Daraufhin zieht diese auch den Haftbefehl gegen Yusuf zurück.

Am 27. Januar 1987 wird Yusuf in seine Wohnung zurückgebracht und wieder unter Kommunalarrest gestellt.

12. Kapitel
Aydin

Aydin hat die beiden Männer, die sein Lebensmittelge-
schäft in Eskilstuna betreten, niemals vorher gesehen. Da
er aber ab und zu als Dolmetscher im Polizeipräsidium
gearbeitet hat, erkennt er sofort, daß diese beiden Männer
in Zivil Polizisten sein müssen. Sie kommen auch sofort
zur Sache und fordern Aydin auf mitzukommen. Es wären
einige Beamte aus Stockholm da, die Aydin sprechen
wollten.

Aydin schließt sein Geschäft und folgt ihnen. Auf der
Wache erwarten ihn zwei Männer, von denen sich der eine
als Kriminalinspektor R. B. von der Säpo vorstellt. Sie
geben vor, nur eine Routineuntersuchung vornehmen zu
wollen, doch Aydin bittet sie, zur Sache zu kommen. Die
gestellten Fragen betreffen jedoch nur Aydins Person –
meistens drehen sie sich um seine politischen Aktivitäten.
Aydin, der seit vierzehn Jahren in Schweden lebt und
schwedischer Staatsbürger ist, antwortet, daß er politisch
nicht aktiv sei. Daraufhin sagt R. B. ihm auf den Kopf zu,
er sei Mitglied der PKK. Aydin bestreitet dies und erklärt,
daß er den nationalen Kampf der Kurden insgesamt unter-
stütze und nicht eine einzelne Partei. So habe er einige
Zeitungen abonniert, die den verschiedensten kurdischen
Parteien verbunden seien. Nach der Befragung kann
Aydin nach Hause gehen.

Eine Woche später bemerkt Aydin, daß zwei Polizeiautos vor seinem Geschäft parken. Auf der Straße sieht er
Polizisten, die bei all jenen Passanten eine Ausweiskontrolle vornehmen, von denen sie annehmen, daß sie Aus-

länder sind. Aydin weiß nicht, was das genau zu bedeuten hat, aber er vermutet, daß es mit den Geschehnissen in der Woche zuvor zu tun hat und sich dies alles gegen ihn richtet. Gegen Mittag verläßt Aydin seinen Laden, um in einem nahegelegenen Restaurant zu Mittag zu essen. Einige Polizisten folgen ihm, gehen vor dem Restaurant demonstrativ auf und ab, so daß der Besitzer des Lokals sich wundert, was da vorgeht. Das gefällt ihm ganz und gar nicht, denn es nicht gut für sein Geschäft.

Als Aydin zu seinem Laden zurückkommt, stehen dort viele Polizisten, um die sich eine Menge Schaulustiger versammelt hat. Drei oder vier Kurden betreten Aydins Geschäft, um etwas zu kaufen oder sich bei Aydin einen Rat zu holen. Aydin, der von den hier ansässigen Kurden am längsten in Schweden lebt, pflegt seinen Landsleuten des öfteren zu helfen, wenn sie mit schwedischen Behörden zu tun haben. Er bittet seine Freunde, im Kontor zu warten, als auch drei Polizisten den Laden betreten; in einem von ihnen erkennt Aydin Kriminalinspektor R. B. wieder. Ein anderer stellt sich als Kriminalinspektor T. S. vom Gewaltdezernat der Stockholmer Polizei vor. Sie wollen ein Foto von Aydin machen, da sie noch keines von ihm besitzen. Zusätzlich wollen sie Aydin verhören, schicken aber vorher Aydins Kunden fort, nachdem sie deren Ausweise kontrolliert haben. Einer der Beamten verschließt die Tür des Lebensmittelgeschäftes.

Sie beginnen, Aydin auszufragen, und wollen unter anderem wissen, ob er im Ausland war. Die Antworten stellen T. S. nicht zufrieden. Er trägt seine Dienstpistole deutlich sichtbar an der Hüfte. T. S. behauptet: „Du bist Chef der PKK!" Er fragt, ob Aydin seinen Kunden „Unterricht" erteilt habe. R. B. verhält sich ruhig, während T. S. immer aggressiver reagiert. Plötzlich schreit er los: „Ihr verdammten Kanaken! Die PKK hat Palme ermordet! Ihr habt Palme ermordet und ihr kennt Rune und habt mit ihm zusammengearbeitet!" Aydin fragt, wer denn dieser „Rune" sei, er habe den Namen vorher noch nie gehört.

Sie werden vom Klingeln des Telefons unterbrochen, und die Polizei läßt zu, daß Aydin den Hörer abnimmt. Während des Telfongespräches hält einer der Beamten ein Tonbandgerät direkt neben Aydins Ohr, um das Gespräch aufzunehmen. T. S. fragt, ob Aydin eine Waffe besitze und wo sie sich befinde. Aydin bittet, ihn endlich zufrieden zu lassen, er ist über das Auftreten der Polizei sehr verstört. Aber T. S. und R. B. setzen ihre provozierenden Fragen fort. Das Verhör dauert sechs Stunden.

Eine Woche später kommen die Polizisten wieder. Die gleiche Prozedur wiederholt sich. Wiederum bleiben sie sechs Stunden. Die Polizisten beginnen nun auch, Aydins Nachbarschaft auszufragen. Dreimal suchen sie seine schwedische Frau auf, sowohl zu Hause als auch an ihrem Arbeitsplatz. Sie fragen, wie sie mit einem solch gefährlichen Mann wie Aydin verheiratet sein könne. Sogar ein Nachbar von Aydins Bruder, ein alter Kurde, der in Uppsala wohnt und Analphabet ist, wird von der Säpo verhört, weil er Aydin besucht hatte. Sie fragen den alten Mann, ob er Mitglied der PKK sei.

In einem Fenster, direkt gegenüber seines Lebensmittelgeschäftes, sieht Aydin Polizeibeamte, die ihn und alle, die seinen Laden aufsuchen, mit einer Videokamera filmen. Er wird rund um die Uhr überwacht. Auch kommen Polizisten immer wieder in sein Geschäft, um zu kontrollieren, was dort vorgeht. Aber sie können nur das Ausbleiben seiner Kundschaft feststellen: die Kunden beginnen, Aydins Laden zu meiden, und seine Geschäfte gehen immer schlechter.

Als die Polizei zum vierten Mal kommt, um ihn zu verhören, weigert er sich einfach, Kriminalinspektor T. S. sein Geschäft betreten zu lassen.

Daraufhin fordert T. S. ihn auf, mit auf die Wache zu kommen. Als Aydin daraufhin T. S. nach seiner Vollmacht fragt, antwortet T.S. nur barsch, daß „wir genau das machen dürfen, was wir wollen."

Zum ersten Mal kommen die Polizisten mit etwas, das einer konkreten Anklage gleicht: Sie behaupten, Aydin habe hinsichtlich seiner Reisen gelogen, er sei vielmehr in Syrien gewesen, um den Vorsitzenden der PKK, Abdullah Öcalan, zu treffen. Aydin antwortet darauf, es stimme, daß er im Herbst 1985 nach Syrien gereist sei. Dies ginge T. S. jedoch nichts an, da er, Aydin, schwedischer Staatsbürger sei und dorthin reisen dürfe, wohin er wolle, ohne irgendeine Erlaubnis einzuholen. Aber da die Reise nun einmal erwähnt worden sei, möchte er folgendes dazu zu Protokoll geben: Er habe damals die Reise unternommen, um seinem Bruder zu helfen, der dort verunglückt war, von der syrischen Polizei aus dem Krankhaus heraus verhaftet worden war und dem die Ausweisung in die Türkei angedroht worden war. Aydin war es gelungen, die Ausweisung zu verhindern. Aydin berichtet des weiteren, daß er ebenfalls Mitglieder von politischen Organisationen traf, darunter viele Freunde von früher. Aydin, der politisch sehr interessiert ist, wollte von ihnen hören, was sie über die Lage in Kurdistan zu berichten hatten.

Viel später erfährt Aydin, daß seine Syrienreise ein wesentlicher Baustein in Hans Holmérs Theorie über die PKK als verantwortliche Organistation für den Mord an Olof Palme ist: Es wird behauptet, daß er, Aydin, deshalb in Syrien gewesen sein solle, um den Mordplan in Schweden zu überbringen.

„Euer Vorsitzender Abdullah Öcalan ist tot und mit der PKK geht es zu Ende", behauptet T. S. „Ihr werdet Kurdistan niemals befreien." – „Gib die politische Tätigkeit auf, dann werden wir dich in Ruhe lassen."

Aydin wird zornig und fragt, für wen T. S. eigentlich

arbeite. Nach diesem Gespräch wird Aydin nicht mehr zu einem Verhör nach Stockholm zitiert, aber als ein kurdisches Paar in Eskilstuna ermordet wird, will ihn die dortige Polizei verhören. Sie fragt ihn bei diesem Anlaß auch nach Dingen, die diesen Mordfall überhaupt nicht betreffen. Aydin sieht ein, daß seine Lage so ernst zu werden beginnt, daß er sie nicht mehr allein klären kann, und wendet sich deshalb an einen Anwalt. Er nimmt Kontakt zu Bengt Söderström auf, der sofort bei der Polizei in Eskilstuna anruft und den Beamten, der Aydin verhört hatte, fragt, womit er sich eigentlich den ganzen Tag beschäftige. Danach hören die Vernehmungen Aydins ganz auf, aber er wird weiterhin ständig überwacht. Nachts erhält er anonyme Telefonanrufe, in denen er aufgefordert wird, das Land zu verlassen. Aydin glaubt, daß es Polizisten sind, die ihm drohen. Als die Massenmedien im September 1986 verbreiten, die Hauptspur in Hans Holmérs Jagd nach dem Mörder an Olof Palme führe in die kurdische Organisation PKK, wird der Druck auf Aydin stärker. Jedesmal, wenn die Lokalzeitung „Folket" etwas über die PKK und den Mord an Olof Palme zu berichten weiß, erhalten er und andere Kurden in Eskilstuna die Zeitung in den Briefkasten gesteckt, obwohl sie das Blatt nicht abonniert haben. Die Gerüchte über Aydin beginnen ihre Kreise zu ziehen, und die Kunden seines Geschäftes bleiben mit der Zeit ganz aus. Im Juli ist Aydin gezwungen, seinen Laden zu schließen. Da er es nicht länger in Eskilstuna aushält, läßt er sich an einem anderen Ort nieder. Aber auch dort wird er zeitweise von der Polizei überwacht. Im Dezember und Januar ist sie ihm die ganze Zeit auf den Fersen. Als am 20. Januar eine Reihe anderer Kurden in Stockholm von der Straße weg verhaftet werden, sieht Aydin, der sich zu diesem Zeitpunkt zufällig in Stockholm aufhält, daß ungewöhnlich viele Polizisten unterwegs sind. Zum Glück bleibt er ungeschoren.

13. Kapitel
Delil

Als Olof Palme ermordet wird, befindet sich Delil nicht in Schweden. Schon im Januar ist er in den Nahen Osten gereist und kommt erst im April zurück.

Aber Delil wurde bereits seit 1980 oder 1981 überwacht und ist mehrfach im Zusammenhang mit dem Mord an Enver Ata in Uppsala und dem an Cetin Güngör im Gemeindehaus in Stockholm verhört worden. Da die beiden Ermordeten in der Türkei der PKK angehörten und Delil von der Säpo als der Chef-Ideologe der PKK in Schweden angesehen wird, wollte man in den Verhören wissen, ob er in diese Morde verwickelt sei. Aber die Mörder sind bereits gefaßt und verurteilt und es gibt nichts, obwohl Delil ständig überwacht und sein Telefon seit langer Zeit abgehört wird, was darauf hindeuten könnte, daß Delil die Morde geplant oder gutgeheißen hätte. Aber genau das machte ihn in den Augen der Säpo nur noch suspekter – man wußte ja, wie gerissen er war.

Als Hans Holmér Delil später in das erdachte Komplott um den Palme-Mord einbezieht, schiebt er ihm die gleiche Rolle zu, die die Säpo ihm früher zugeteilt hatte – er sei der Kopf bei der Planung der Tat gewesen.

Delil hörte natürlich vom Mord an Olof Palme, während er sich im Nahen Osten befand, und dachte das gleiche wie Yusuf: „Das wird Schwierigkeiten geben." Umso überraschter ist er, als er im April nach Schweden zurückkommt und niemand sein Gepäck kontrolliert. Als Delil später erfährt, welchen Repressionen Yusuf und andere Kurden, die man der Mitgliedschaft in der PKK verdächtigt, im März ausgesetzt waren, kann er die ausgebliebene Kontrolle nur so deuten, daß die Säpo sehr wohl wußte, daß er und die anderen Kurden nichts mit dem Mord zu tun haben. Wenn es wirkliche Verdachtsmomente gäbe, denkt Delil, würden sie bei meiner Rückkehr nach Schweden das Unterste zuoberst gekehrt haben.

Erst im Frühsommer 1986 bemerkt Delil das wachsende Interesse an seiner Person und seinen politischen Freunden. Ganz deutlich wird dies für ihn, als die Polizei in dem kurdischen Buchcafé eine Ausweiskontrolle durchführt. Im Spätsommer wird die Polizeiüberwachung immer offensichtlicher. Delil wird auf Schritt und Tritt überwacht. Beamte kommen in das Buchcafé, treten als Betrunkene auf, wollen das Telefon benutzen oder sitzen einfach an einem Tisch herum, versuchen, den Cafébesuchern hinterhältige Fragen zu stellen. Die Geschäftsführer des Cafés, das vom Kurdischen Demokratischen Reichsverband Schwedens betrieben wird, sind irritiert und versuchen, die Beamten hinauszuwerfen.

Vor Delils Wohnung auf Kungsholmen postieren sich die Spitzel in einem Wohnwagen auf einem Baugelände. Delil richtet eine eingeschaltete Lampe auf die Fensterscheibe, um die Einsichtnahme in seine Wohnung zu erschweren. Wenn Delil zu seiner Arbeitsstelle auf Norrmalm geht, folgen ihm ganz offen irgendwelche Polizisten. Er sieht, wie sie mit ihren zivilen Nissans oder Hondas um die Häuserblocks kurven. An einem Tag zählt er auf seinem kurzen Fußweg zur Arbeit außerdem sechs Polizeistreifen. Es ist wie eine Polizeieskorte. Die Überwachung durch die Polizei ist so offen, daß Delil über den Grund nachdenkt. Was könnte das Motiv für dieses Vorgehen der Polizei sein? Wenn sie wirklich meinten, daß er und die anderen Kurden irgendein Verbrechen begangen hätten, und nun Beweise dafür sammelten, die sie belasten könnten, dann würde die Polizeiüberwachung sicherlich geheimer durchgeführt werden. Denn bei einer offenen Überwachung würde der Überwachte sich ja nicht verraten. Delil beschließt, das gegen ihn gerichtete Handeln der Polizei genauer zu beobachten. Bei bestimmten Gelegenheiten sieht er seine sonst so offen auftretenden Bewacher nicht. Er macht lange Spaziergänge durch die Straßen Stockholms und unternimmt alles, dabei seine möglicherweise getarnten Bewacher zu entlarven. Aber dabei bleibt er unbeobachtet. Alle Überwachung geschieht offen. So zieht Delil den Schluß, daß es sich nicht um eine eigentliche Überwachung handelt, sondern daß der Zweck eine reine Schikane ist.

Delils Freunde sind ähnlichen Belästigungen ausgesetzt, auch wenn die meisten von ihnen nur mäßig an Politik interessiert sind. Delil selbst aber ist ein sehr politisch denkender Mensch – er sieht es als seine Lebensaufgabe an, für ein freies Kurdistan zu arbeiten. Delil hat einen großen Freundes- und Bekanntenkreis, viele kennt er durch seine frühere Tätigkeit beim Arbeitsamt des Regierungsbezirks Stockholm, wo er in den verschiedensten Fällen als Dolmetscher tätig war. Der 37jährige Delil ist für viele der oftmals jüngeren Kurden eine Vaterfigur. Einer von diesen jüngeren, ein Kurde mit schwedischer Staatsbürgerschaft, erhält mehrmals an seinem Arbeitsplatz in einem Restaurant Polizeibesuch. Nach diesen Besuchen wagt er es nicht einmal mehr, Delil auf der Straße zu grüßen, woraufhin Delil ihn aufsucht und zur Rede stellt. Der Freund gesteht, er getraue sich nicht mehr, seine Bekanntschaft mit Delil offen zu zeigen, da die Polizei ihn bedrohe. Er bittet Delil um Entschuldigung. Aber Delil will einem solchen Menschen, der sich einschüchtern läßt, keine Entschuldigung gewähren. Er wird zornig und versucht, dem Freund verständlich zu machen, daß genau dies von der Polizei beabsichtigt ist: Ihren Zusammenhalt zu zersplittern und Furcht unter ihnen zu verbreiten. Delil spricht dem

Freund Mut zu, und als die Polizei das nächste Mal im Restaurant auftaucht, fordert der sie auf, zu verschwinden. Delil meint, ein Handlungsmuster zu erkennen: Je weniger seine Bekannten politisch aktiv sind, desto mehr werden sie von Polizeimaßnahmen bedrängt. Delil zieht den Schluß, daß die Schikanen deshalb durchgeführt werden, um die Kurden vom Kontakt zu ihm und seinen politischen Auffassungen abzuhalten. Die Polizei will, daß er und die offenen PKK-Sympathisanten von der kurdischen Kolonie in Schweden isoliert werden. Mehrmals rufen Polizisten bei Delil an: Sie sind arrogant und wollen nur kontrollieren, ob er zu Hause ist, etwas, was sie auch ihre Kollegen im Wohnwagen hätten fragen können. Unter denen, die anrufen, sind auch die Kriminalinspektoren I. K. und T. S. von der Stockholmer Polizei. T. S. ist derjenige, der bereits Aydin in Eskilstuna verhört hatte.

Im Spätherbst wird der Druck auf die Kurden nahezu unerträglich. Delil ist besorgt, aber gefaßt. Er hat keine Angst – außer vor einer Provokation: Daß die Säpo in der Lage sei, einen Kurden zu ermorden, um der PKK einen weiteren Mord anzuhängen. Ein Grund für diese Beunruhigung ist, daß Säpo-Leute verbreiten, sie wüßten, daß Kurden von der PKK ermordet werden sollen. Unter anderem solle dies in Uppsala geschehen, sie könnten aber nicht sagen, wer ermordet werden solle, und bieten Schutz im Austausch gegen Informationen an.

Der Druck auf die Kurden wird immer größer, aber erst ein Eklat, den die Kurden selbst veranlassen, liefert Hans Holmér Anlaß zum Eingreifen. Am Lucia-Abend bricht im Restaurant „Gamlingen" in der Altstadt eine Streiterei zwischen Kurden aus. Ein Kurde, der bereits einmal mit dem Gesetz in Konflikt geraten ist, ruft von dort seinen Sohn an und bittet, ihn abzuholen. Der Sohn ist gerade mit einem 27jährigen Bekannten zusammen, der schon einmal im Gefängnis saß und von der Regierung mit Kommunal-

arrest belegt ist. Zusätzlich befindet sich in ihrer Gesellschaft auch Delils 14 Jahre jüngerer Bruder, ein Mensch,
dem das politische Bewußtsein Delils völlig abgeht. Die
drei jungen Kurden fahren in die Altstadt, um den Vater
abzuholen und kommen dort ungefähr gleichzeitig mit der
Polizei an. Als diese mit dem 27jährigen, einem Tollkopf,
dem von allen , die der intensiven Überwachung durch die
Polizei im Herbst ausgesetzt waren, am schwersten zuge-
setzt wurde, aneinander gerät, zieht dieser plötzlich eine
Pistole und schießt um sich. Niemand wird verletzt, und
nach einer kurzen Jagd wird der Mann ergriffen. Die Tatsache, daß Delils Bruder am Ort des Geschehens war – er
wird im Zusammenhang mit der Schießerei nicht angeklagt
– führt dazu, daß Hans Holmér eine Durchsuchung von
Delils Wohnung anordnet, ohne daß die Erlaubnis der
Staatsanwaltschaft eingeholt wird. Die Polizei beschlagnahmt eine große Anzahl Bücher und Filmrollen und läßt
eine unverschlossene und verwüstete Wohnung zurück.
Delil, der mit dem Streit in der Altstadt nicht das geringste
zu tun hat, erstattet daraufhin Anzeige wegen Einbruchs.
Nachdem die Polizei Delils Sachen durchgesehen hat, ruft
sie nicht ihn, sondern Delils Bruder an, damit er sie ab-
holt.

Das macht Delil wütend und er begibt sich zur Polizei-
station. Die Beamten bestehen darauf, daß der Bruder und
nicht er die Herausgabe der Sachen quittieren solle – alles
andere wäre ein Eingeständnis gewesen, die Sachen
unrechtmäßigerweise beschlagnahmt zu haben. Delil weigert sich, dies zu akzeptieren und sagt, sie könnten die
Sachen behalten und geht. Die Beamten werden nervös
und rufen ihn zurück, sind zum Schluß sogar bereit, Delil
die Rückgabe selbst bestätigen zu lassen.

Aber Delil gibt sich damit nicht mehr zufrieden. Er
fordert zusätzlich die Aushändigung einer Kopie des
Beschlagnahmeprotokolls, das bei der Hausdurchsuchung

erstellt wurde. Die Polizei weigert sich zunächst, doch als Delil wieder droht, er werde dann nicht daran denken, für seine Sachen zu quittieren, geben sie auch eine Kopie dieses Protokolls heraus, sie trägt Hans Holmérs Unterschrift.

Im Januar 1987 stellt Delil fest, daß die Massenmedien einzuschwenken beginnen. Vorher hatte Delil den Eindruck gewonnen, daß nur bestimmte Zeitungen eine Hetzkampagne gegen die PKK betrieben, indem sie Holmérs Beschreibung von dem „fünfundneunzigprozentig" sicheren Palme-Mörder für bare Münze nahmen.

Um halb eins in der Nacht, es ist die Nacht vom 19. auf den 20. Januar 1987, klingelt das Telefon bei Delils schwedischer Frau, die in einer anderen Wohnung wohnt. Delil, der zugegen ist, antwortet. Es meldet sich ein Reporter von „Expressen", der von Delil und dem kurdischen Anwalt Ibrahim, der als Sprecher der PKK in Schweden angesehen wird, ein Interview haben will. Delil sagt, daß es sehr spät sei und „Expressen" sich bis morgen gedulden solle. Aber der Reporter bleibt hartnäckig, er müsse das Interview unbedingt noch in der Nacht haben. Delil wiederholt, daß es zu spät dafür sei, und deutet diesen Eifer als ein Zeichen dafür, daß wieder „etwas im Gange ist". Delil meint, daß „Expressen" eine von den Zeitungen sei, die die Hetzkampagne gegen die PKK am schlimmsten betriebe, und glaubt, daß der Reporter von der Polizei Informationen erhalten habe, daß etwas Entscheidendes passieren würde. Er ruft den Anwalt Ibrahim an und berichtet ihm von seinem Verdacht. Dieser packt seinen Koffer mit Büchern, Strümpfen und seinem Pyjama, um vorbereitet zu sein. Dann legt er sich wieder schlafen. Auch Delil begibt sich wieder ins Bett.

Um sieben Uhr am Morgen wird er von einem Pochen an der Tür geweckt. Er schaut aus dem Fenster und sieht zahlreiche bewaffnete Polizisten im Hof. Er zieht sich an, ohne sich dabei zu beeilen. „Sollen sie doch warten", sagt er zu seiner Frau. Schließlich öffnet er die Tür. Die Polizeibeamten dringen ein, richten ihre Waffen auf Delil und befehlen ihm, die Hände zu heben. Sie richten zwei Pistolen auf seinen Körper und halten eine an sein Ohr. Der Polizist, der die Waffe an Delils Ohr hält, ist nervös und seine Hände zittern. Der Pistolenlauf streicht um Delils Ohrläppchen herum. Delil sagt, daß sie ihre Waffen wegnehmen sollten, wenn sie nicht zu Mördern werden wollten. Er erhält nur ein „Schnauze!" zur Antwort. Delils Frau ist sehr aufgebracht über den Polizeiüberfall und schreit die Polizisten an.

Einer der Polizisten holt Delils Socken und zieht sie ihm über die Füße. Dabei behält er die Pistole in der einen Hand, Delil bittet ihn beunruhigt, sie wegzustecken. Der Polizist folgt der Bitte, aber bevor er die Waffe in das Halfter steckt, sichert er sie. Delil wird klar: Die Beamten haben seine Wohnung mit entsicherten Waffen gestürmt!

Als die Festnahme durchgeführt ist, berichtet einer der Polizisten per Sprechfunk, daß „die Operationen Q-110" abgeschlossen sei. Delil meint, das ganze sei Theater. Seine Frau ruft den Journalisten Jan Guillou an, einen Freund der Familie, der sofort kommt. Guillou wird von den Polizisten hereingelassen, obwohl die Hausdurchsuchung noch nicht abgeschlossen ist, und wird somit Zeuge des Endes der Aktion. Delil deutet dies als ein Zeichen dafür, daß einzelne Polizisten es gerne sehen, daß Außenstehende das Spektakel mitbekommen.

Eine ganze Autokarawane begleitet Delil zum Polizeirevier in Jakobsberg – anstatt nach Kungsholmen – „aus Sicherheitsgründen", wie es heißt. Delil schaut durch die Autoscheibe und kommentiert das Riesenaufgebot an Polizeiautos: „Ist wohl etwas ganz Großes im Gange." Die Polizisten schätzen diese Ironie nicht und fordern ihn auf, den Mund zu halten.

Auf der Polizeiwache treffen die Kriminalinspektoren I. K. und K. B. ein, die das Verhör führen sollen. I. K. fragt, wie es ihm hier gefalle, aber Delil winkt nur ab. Er ist zu solchen Späßen nicht aufgelegt. I. K. teilt ihm mit, daß er der Beihilfe zum Mord an Cetin Güngör im Gemeindehaus verdächtigt werde. Kriminalinspektor I. K. reibt sich die Hände und sagt: „Nun bist du in meiner Gewalt." Delil starrt ihn an, als sei der andere verrückt geworden. Er erkennt, daß das Verhör in mehr als einer Hinsicht anstrengend werden wird.

Obwohl I. K. eine „kleine Runde, nur so zum Aufwärmen" haben möchte, weigert sich Delil, auch nur eine Frage ohne Anwesenheit seines Anwalts zu beantworten. I. K. sagt, daß sie den Anwalt Bengt Söderström vielleicht nicht erreichen würden, aber Delil erwidert, man könne es zumindest versuchen. Um zehn Uhr kommt Söderström.

Die Fragen drehen sich meist um die PKK, die Verhältnisse in Kurdistan und im Nahen Osten. I. K. fragt beharrlich danach, wie nach Delils Meinung die Befreiung Kurdistans vor sich gehen solle. Delil antwortet, daß sei Sache der Kurden, nicht die der schwedischen Kriminalpolizei. Aber als I. K. wissen will, ob Delil glaube, daß dabei Gewalt notwendig sei, antwortet Delil zum Schluß mit „Ja". I. K. wendet sich an seinen Beisitzer K. B. und ermahnt ihn: „Nimm das zu Protokoll, K.B.!"

Die leitende Staatsanwältin Solveig Riberdahl ist bei diesem Verhör auch zugegen. Bei einer Gelegenheit sieht Delil, daß sie mit ihrem Kollegen Anders Helin spricht, und er begreift, daß seine Verhaftung eigentlich mit dem Palme-Mord zusammenhängt, obwohl sie ihn der Mittäterschaft am Mord im Gemeindehaus beschuldigen. Riberdahl und Helin sind zwei der Staatsanwälte, die im Palme-Mord ermitteln. Nun wird ihm auch die Taktik klar: Man glaubt, ihn zuerst zu einem Mörder an einem Kurden machen zu können und dann zum Palme-Mörder.

I. K. fährt damit fort, nach allerlei Dingen zu fragen, die die Person Delils und seine persönlichen politischen Anschauungen betreffen. Als er und sein Kollege plötzlich nach Delils Vater zu fragen beginnen, wird Delil wütend. Dies gehe nun doch zu weit, meint er und wendet sich mit der Bitte an Solveig Riberdahl, sie möge „diese Idioten endlich stoppen."

Trotz allem fällt es Delil schwer, das Verhör ernst zu nehmen. Er findet die Tatsache, daß die Verhörleiter es nicht einmal schaffen, wie Profis zu erscheinen, erstaunlich amateurhaft. Sie haben keine gemeinsamen Anknüpfungspunkte, die beiden Kriminalinspektoren einerseits und der kurdische Nationalist und Kommunist Delil andererseits. Der Beisitzer K. B. begreift, daß er und I. K. ihrem Gegenüber intellektuell unterlegen sind, und versucht zu schmeicheln: „Du bist doch intelligent, Delil". Aber Delil empfindet dieses kindische Getue nur als beleidigend. Er sagt ihnen, daß er wirklich nicht versuche, sich herauszuwinden und man ihm Respekt zollen solle.

Das fünftägige Verhör bringt kein Ergebnis, das gegen Delil verwendet werden könnte. Die Staatsanwälte Riberdahl und Helin lassen dennoch zu Delils und seines Anwalts Bengt Söderströms großer Verwunderung den Verdacht an der Teilnahme am Mord an Cetin Güngör in die Haftprüfungsverhandlung einfließen. Die Staatsanwälte beziehen sich in ihrer Begründung auf alte Informationen, die bereits beim Gerichtsverfahren gegen den Mörder N. C. im Herbst 1985 angeführt worden waren. Demzufolge soll Delil dem Mörder N. C. die Wohnung seines Bruders(!) überlassen haben und laut Auskunft über die abgehörten Telefongespräche mehrmals mit einer unbekannten Person gesprochen haben, von der die Säpo behauptet, sie sei N. C. gewesen, obwohl eine technische Stimmenanalyse selbst nach 15 Monaten noch nicht durchgeführt worden war. Delils Absicht soll, nach Auffassung der Staatsanwaltschaft, aus einem Zeitungsartikel hervorgehen, den er geschrieben habe.

Delil wird, umgeben von bewaffneten Polizisten, vom Polizeipräsidium auf Kungsholmen zum Gericht geführt. Der Oberrichter Mikael af Geijerstam fragt Delil, ob er sich zur Sache äußern wolle. Delil antwortet, daß er die Beschuldigungen von Anfang an nur als einen üblen Scherz angesehen habe. Die Staatsanwältin Solveig Riberdahl hält ein sehr zurückhaltendes Plädoyer und greift dann nicht weiter in die Verhandlung ein. Delils Anwalt Söderström weist die Anklage Punkt für Punkt zurück. Darauf zieht sich das Gericht fünf Minuten zur Beratung zurück, danach gibt Mikael af Geijerstam bekannt, das Haftersuchen sei zurückgewiesen und Delil unmittelbar auf freien Fuß zu setzen.

14. Kapitel
Die Terroristenermittlung

Nachdem die Voruntersuchung gegen Rune am 16. Mai 1986 niedergelegt werden mußte, wurden immer größere Polizeikräfte auf eine Gruppe Kurden in Schweden angesetzt, die mit der Kurdischen Arbeiterpartei (PKK) sympathisieren. Im selben Zuge wurde Staatsanwalt K. G. Svensson durch den Stockholmer Oberstaatsanwalt Claes Zeime ersetzt. Zu seiner Unterstützung stand ihm eine Gruppe von drei leitenden Staatsanwälten zur Verfügung: Solveig Riberdahl, Anders Helin und Bo Josephson.

Zur „Hauptspur" wurden die Kurden, als Hans Holmér bei einem Treffen der Fahndungsleitung am 17. Juni 1986 einen Operationsplan gegen sie vorlegte. Danach begann die intensive Überwachung verschiedener Kurden und zweier Finnen. Diese Aktion fand ihren Höhepunkt in einer großen Razzia am 20. Januar 1987, bei der 26 Personen im Zusammenhang mit zwei Mordfällen zum Verhör abgeholt wurden. Alle Verhafteten mußten nach kurzer Zeit wieder freigelassen werden.

Nach dem Mißerfolg mit Rune wurden also erneut acht Monate auf ein und dieselbe Spur in den Ermittlungen nach dem Mörder Olof Palmes verwandt. Hans Holmér hat später hervorgehoben, daß die Polizei „die Breite der notwendigen Ermittlungen im Auge behielt" – sie hätte während dieser Zeit auch andere Hinweise überprüft. Das ist insoweit richtig, da die anderen Aktivitäten nicht vollständig ruhten, aber nahezu das gesamte Polizeipersonal war auf die „PKK-Spur" angesetzt worden. Nur ein Beispiel für die Schwierigkeit der Staatsanwaltschaft, die Polizei auf andere Spuren anzusetzen, sei angeführt: Im September 1986 beantragte Solveig Riberdahl, daß dem Hinweis auf den sogenannten „Grand-Mann" nachgegangen werden solle. Riberdahl bat darum, zwei Ermittlungsbeamte von der Polizei zu bekommen, um die Arbeit durchführen zu können. Erst im Dezember wurden ihr zwei Männer von der Reichskriminalpolizei zugeteilt. Diese beiden wurden jedoch sofort wieder abgezogen, als es am 12. Dezember zu der Schießerei in der Altstadt kam, die eigentlich nur ein Zwischenfall ohne große Bedeutung für den Fall war. So wurden alle Ermittlungen in Sachen „Grand-Mann" erst ausgeführt, als Hans Holmér als Fahndungsleiter abgetreten war.

Welche Verdachtsmomente lagen gegen die Kurden vor, die es Hans Holmér wert waren, eine acht Monate während Ermittlung durchzuführen, in der Hunderte von Polizisten, vier Staatsanwälte und ein Kostenaufwand von einem Dutzend Millionen Kronen, die der Steuerzahler aufbringen mußte, eingesetzt wurden? Von der riesigen Zeitverschwendung bei der Jagd nach dem Mörder Olof Palmes ganz zu schweigen. Warum verhafteten die Ermittler im Palme-Mord drei Personen, die dann wieder freigelassen werden mußten, wegen eines ganz anderen Verbrechens? Ich werde darauf weiter unten im Text eingehen, denn zunächst ist es notwendig, auf die Hintergründe einzugehen, die die Kurden überhaupt in die Palme-Ermittlungen hineinzogen. Der Hauptgrund liegt in der Terroristenermittlung der Säpo aus dem Jahre 1984.

Am 13. September 1980 führte der türkische General Kenan Evren in seinem Land einen Putsch durch und übernahm die Macht. Der Putsch führte dazu, daß die kommunistischen Organisationen in der Türkei und die nationalistischen Organisationen im türkischen Teil Kurdistans (dem östlichen Teil der Türkei) blutig verfolgt wurden. Eine große Anzahl Türken und Kurden sahen sich zur Flucht genötigt. Viele von ihnen begaben sich nach Westeuropa, unter anderem nach Schweden.

Unter diesen politischen Flüchtlingen gab es Mitglieder und Sympathisanten der PKK. Daß die Aktivisten der PKK es in der Türkei der Generalsjunta besonders schwer hatten, ist leicht zu verstehen – sie waren Kommunisten, sie waren Nationalisten (sie traten dafür ein, daß Kurdistan aus dem türkischen Staatsgebilde austritt) und sie arbeiteten für eine Partei, die sich offen zum bewaffneten Kampf gegen das türkische Regime bekannte.

Mitglieder und Sympathisanten einer großen Anzahl türkischer und kurdischer politischer Organisationen landeten auf diese Weise Anfang der achtziger Jahre in Schweden. Daß die Gegensätze zwischen diesen Organisationen und Aktivisten häufig sehr groß waren, ist ebenfalls leicht zu verstehen. Die Form, wie die Gegensätze zwischen diesen Parteien ausgetragen werden, ist eine direkte Widerspiegelung der politischen Verhältnisse im Heimatland. Hinzu kommt, daß der türkische Geheimdienst aktiv unter diesen Flüchtlingsgruppen arbeitete, um Informationen zu erhalten und um den Widerstand im Exil gegen die türkische Militärjunta zu schwächen.

Es ist klar, daß der schwedische Sicherheitsdienst in einer solchen Lage seine Aufmerksamkeit verschärft auf diese neue Entwicklung richtete. Es wäre ein Dienstvergehen gewesen – auch wenn dieser Terminus inzwischen abgeschafft worden ist –, sich nicht über das Risiko zu unterrichten, daß Schweden zum Tummelplatz gewaltsamer politischer Aktivitäten ausländischer Agenten würde.

Die Ermittlungen, die die Säpo unter der Leitung des Polizeiintendenten Alf Karlsson, dem damaligen Chef der RPS/Säk, der Antiterrorabteilung der Säpo, in Gang setzte, erhielt jedoch rasch eine Schieflage zuungunsten der PKK. Dies geschah, bevor ein einziges Gewaltverbrechen begangen worden war, das mit der PKK hätte in

Verbindung gebracht werden können. Hierfür gibt es nur zwei plausible Erklärungen: Zum einen, daß die Säpo vom türkischen Geheimdienst Informationen erhielt, der das Interesse hatte, die PKK als besonders blutrünstig darzustellen. Und anderseits, daß die politischen Gegensätze unter den Flüchtlingen in Schweden zu mehreren Denunziationen bekannter PKK-Sympathisanten führten. Daß gerade PKK-Sympathisanten von anderen Kurden angezeigt wurden, ist gar nicht so schwer zu verstehen: In dem Augenblick, als die Säpo ihre Aufmerksamkeit auf die PKK richtete, begannen auch ihre Ermittlungsbeamten, Fragen über diese Organisation zu stellen. Und wenn man fragt, erhält man Antworten.

Die Säpo nahm aber solche Denunziationen für bare Münze, ohne darüber nachzudenken, auf welchem politischen Nährboden diese Denunziationen entstanden. Dies zeugt von einer ungeheuerlichen Naivität. Die Säpo nahm darüberhinaus die abgegebenen Erklärungen noch erheblich ernster, als sie ursprünglich gemeint waren. Der Leser kann sich selbst davon überzeugen, wenn ich später aus dem Terroristenbericht zitiere.

Wie eine solche Denunziation aussehen konnte, bekam Delil, einer der bekanntesten PKK-Sympathisanten in Schweden, zufällig zu wissen, als er als Dolmetscher beim Bezirksarbeitsamt in Stockholm arbeitete. Im Juni 1984 wurde er von der Säpo in seiner Funktion als Dolmetscher angefordert. Weder die Säpobeamten noch der kurdisch sprechende Denunziant wußten genau, wen sie da vor sich hatten. So gab der Denunziant unverfroren zu Protokoll, die PKK habe in Holland ein Bordell überfallen, um Geld für ihre terroristischen Aktionen zu beschaffen.

Als Delil mir diese Geschichte erzählt, lacht er und fragt sich, wie das wohl praktisch zugegangen sein könne. Gingen die PKK-Räuber von Hure zu Hure und sammelten deren Tagesverdienst ein? Der Säpo-Mann stellte dem

Denunzianten jedoch keine einzige kritische Frage zu dieser spektakulären Geschichte. Er fragte noch nicht einmal, woher er das alles wisse.

Als ich später den Terroristenbericht lese, finde ich genau diese Geschichte im Promemoria der Säpo vom 7. September 1984 (der Terroristenbericht besteht aus einer Anzahl einzelner seperater Berichte) auf Seite 2: „Mitteilungen zufolge wurden Anfang Juli im Zusammenhang mit einem vermutlich von der PKK durchgeführten Überfall auf ein Kasino drei Personen in Holland erschossen." Offensichtlich hatte die Säpo diese Behauptung nicht bei der holländischen Polizei überprüft, die die Geschichte hätte bestätigen bzw. sie dementieren können. Die Behauptung des Denunzianten, der Überfall habe in einem Bordell stattgefunden, hat der protokollierende Säpo-Beamte in einen Überfall auf ein „Kasino" verwandelt, vielleicht war ihm auch der Verdacht gekommen, daß „Bordell" doch zu phantastisch klinge.

Von den drei niedergeschossenen Personen, die die Beamten der Säpo als Tote im Kasino/Bordell bezeichneten, war in Wirklichkeit einer ein Restaurantbesitzer aus der Türkei, der von seinem Angestellten im Zusammenhang mit einem anderen Raub in Holland umgebracht worden war. Der Täter wurde ermittelt und rechtmäßig verurteilt, ohne daß die von der Säpo gezogene Verbindung zur PKK im Gerichtssaal jemals zur Sprache gekommen wäre.

Ein wirkliches Gewaltverbrechen, in das die PKK verwickelt war, ereignete sich dennoch in Schweden. Am 20. Juni 1984 ermordete eine Person kurdischer Nationalität, Z. K., den Kurden Enver Ata auf dem Marktplatz in Uppsala. Enver Ata war Mitglied der PKK, trat jedoch aus der Partei aus, und betrieb danach gegen die Organisation Propaganda. Seine immer feindseliger werdende Haltung gegenüber der PKK führte dazu, daß er in kurdischen

126

Zeitungen einer gegen ihn gerichteten Kampagne ausgesetzt war. Der Mord an ihm war kaltblütig. Z. K. wurde festgenommen und bekannte sich zu der Tat.

Im Verhör bei der Polizei in Uppsala gab Z. K. an, er habe die Tat allein ausgeführt. Er sagte, er gehöre einer Gruppe von sechs bis sieben Personen an, die für die Befreiung Kurdistans arbeite. Sie habe „vom kurdischen Volk" den Auftrag erhalten, „den Verräter Ata" zu liquidieren.

Den Mord an Enver Ata benutzte die Säpo dazu, ihren Bericht über terroristische Tätigkeiten der PKK fertigzustellen. Die Säpo hebt hervor, daß der Mord auf Befehl des Zentralkomitees der PKK, das seinen Sitz in Syrien hatte, ausgeführt worden war. Als Motiv wird genannt, daß Ata seit 1982 seine Propagandatätigkeit gegen die PKK betrieben habe.

Irgendwelche Fakten für die Behauptung, daß es einen Befehl des ZK zur Liquidierung Atas gibt, werden von der Säpo in dem Bericht allerdings nicht angeführt. Die Behauptung wird nur auf der Basis theoretischer Erwägungen gemacht. Im Mittelpunkt steht die Feststellung, daß die PKK eine Hetzkampagne gegen „Verräter" an der Organisation und der kurdischen Sache betrieb, und somit niemand anderes als die PKK ein Interesse gehabt haben könne, den Mord auszuführen.

Natürlich liegt in dieser Behauptung ein erhebliches Maß an Logik. Dennoch gibt es denkbare alternative Erklärungen für die Tat. In dem armen und unterdrückten Kurdistan gibt es genügend junge Menschen, die „Helden" werden möchten. Eine Art, das zu erreichen, ist die Liquidierung von „Verrätern". Die Kampagne, die die PKK gegen Enver Ata betrieb, kann Z. K. oder die Gruppe, der er nach seinen Ausagen angehörte, zum Mord angestiftet haben. Man muß sich vergegenwärtigen, daß die politischen Verhältnisse in Kurdistan andere als in

Nord- oder Westeuropa sind, daß dort täglich Menschen getötet werden. Das, was für uns als ein unsinniges Motiv erscheinen mag, braucht nicht für Menschen abwegig erscheinen, die unter härteren Verhältnissen leben. Aber wie die Säpo es macht, nämlich andere Erklärungen als die, die auf der Hand liegen, abzutun, kann eine Ermittlung auf Abwege führen.

Das Wichtigste für die Säpo ist allerdings nicht die Feststellung, daß das Zentralkomitee in Syrien den Mord an Enver Ata beschloß. Die Schwierigkeit, das „Zentralkomitee" wegen Anstiftung zum Mord vor einen schwedischen Richterstuhl zu bekommen, ist offensichtlich. Das Wesentliche ist statt dessen die Behauptung, der Mörder Z. K. habe praktische Unterstützung beim Mord durch eine Gruppe Kurden erhalten, die in Schweden wohnt. Eine solche Gruppe von acht Personen wird dann auch von der Säpo aufgebaut. Von den Personen wird behauptet, PKK-Mitglieder zu sein, die nach Schweden mit der Aufgabe eingeschleust wurden, eine Organisation dieser Partei im Land zu errichten. Die nicht bewiesene Behauptung, das Zentralkomitee der PKK habe den Mord an Enver Ata befohlen, wird somit zu einem Indiz für die Verdächtigung, daß auch sie auf Befehl der PKK in Syrien gehandelt haben.

Die Säpo behauptet, daß die acht namentlich benannten Kurden auf verschiedene Weise an der Vorbereitung des Mordes beteiligt waren. Das ist gleichbedeutend mit „Beihilfe zum Mord", ein schweres Verbrechen. Allerdings führte dieser Verdacht nicht zu einer Anklage. Die Ermittlungen, ob der Mörder Z. K. Komplizen gehabt habe, wurden am 5. September 1984 eingestellt. Das geschah aus Gründen, auf die ich noch zurückkommen werde.

Statt dessen ging die Säpo mit ihren Erkenntnissen zur Regierung und bat sie, die acht Kurden zu Terroristen zu erklären und sie nach §47 des Ausländergesetzes auszuweisen. Am 21. November 1984 beschließt die Regierung aufgrund einer Vorlage der Einwanderungsministerin Anita Gradin, die Kurden auszuweisen. Der Beschluß erhält aber durch einen Regierungsbeschluß vom 14. Dezember 1984 einen für die schwedische Rechtssprechung recht ungewöhnlichen Zusatz: Da diese acht Kurden einer lebensbedrohenden Verfolgung in der Türkei ausgesetzt wären, sollten sie bis auf weiteres in Schweden bleiben dürfen. Da sie aber einer terroristischen Organisation (PKK) angehören, sollen sie sich nicht frei im Land bewegen dürfen, sondern werden mit Kommunalarrest belegt.

Das bedeutet für die acht Kurden (sowie einen weiteren Kurden, der ebenfalls Kommunalarrest erhält) zweierlei: Zum einen müssen sie bei der Säpo um Erlaubnis nachsuchen, bevor sie ihren Wohnort verlassen dürfen. Überschreiten sie die Gemeindegrenze ohne „Erlaubnis", können sie zu acht Monaten Gefängnis verurteilt werden, bei mehrmaligem „Entweichen" kann die Haftstrafe verlängert werden. Zum anderen beinhaltet der Beschluß, daß sie an die Türkei ausgeliefert werden können, wenn die schwedische Regierung meint, daß sie dort nicht mehr dem Risiko einer Verhaftung ausgesetzt seien.

Der Beschluß über die Ausweisung und den Kommunalarrest ist für diese Menschen ein unerhörter Eingriff in ihr Leben. Und auch die Beschuldigungen gegen sie sind sehr bedrohlich. Aber sind sie begründet? Die Säpo faßt die Gründe für die Ausweisung der acht Kurden in acht verschiedenen Dokumenten zusammen. Alle sind datiert auf den 13. November 1984. Die Argumentation wird in zwei Schritten geführt: Zunächst unterstellt die Säpo den Angeklagten Mitgliedschaft in der PKK, sodann wird die konkrete Verbindung zum Mord an Enver Ata in Uppsala hergestellt. Ich will den Gehalt eines jeden der Dokumente darstellen. Die Dokumente sind nunmehr öffentlich zugänglich, sie haben die Tagebuchnummer SH 1509-84 bei der Reichspolizeileitung und können von jedermann eingesehen werden (einige der Namen in den Dokumenten sind nicht öffentlich gemacht, ich habe sie jedoch ermitteln können).

1. Ein 27jähriger Mann aus Malmö. Die Verbindung zur PKK wird darin gesehen, daß er „regelmäßig" eine kurdische Ärztin in Schweden getroffen habe, die zu den „bekanntesten PKK-Führern in Schweden" gehörte, und daß er einem Wahlkomitee des Kurdischen Demokratischen Reichsverbands in Schweden angehörte und ein Angebot erhielt, Sekretär dieser Vereinigung zu werden.

Die Verbindung zum Mord an Enver Ata wird darin gesehen, daß der 27jährige angibt, Ata kaum zu kennen und so gut wie nie gesprochen zu haben, obwohl er früher einige Monate mit ihm zusammen wohnte (eine Aussage des 27jährigen, die die Säpo als „beinahe ein Schulbeispiel für ein von Terroristen einstudiertes Auftreten vor der Polizei" bezeichnet). Außerdem habe der 27jährige sich am Tag vor dem Mord (der in Uppsala begangen wurde) in Stockholm aufgehalten. Der 27jährige habe auch [die Säpo stützt sich auf „Angaben" – im Folgenden kurz „Angaben" genannt. – der Übers.] an einem Treffen teilgenommen, auf dem festgelegt wurde, wer bei dem Gerichtsverfahren gegen den Mörder Z. K. in Uppsala anwesend sein sollte.

2. Ein 34jähriger Mann aus Stockholm. Die Verbindung zur PKK wird darin gesehen, daß er bei der Ankunft in Schweden in die Wohnung des damaligen PKK-Mitglieds Enver Ata zog. Des weiteren habe er Namen von „Personen (angegeben), die dafür bekannt sind, daß sie herausragende Funktionen in der PKK haben".

Die Verbindung zum Mord an Ata zeige sich darin, daß er mit Ata fünf bis sechs Monate zusammen wohnte, und er („Angaben") einen heftigen Streit mit Ata nach dessen

Absprung von der PKK führte. Er habe an einer Videoaufführung eines Propagandafilms der PKK teilgenommen, in dem „dargestellt wird, wie mit Provokateuren zu verfahren ist", und im Mai 1984 Uppsala besucht. Er „leugnete, Ata bei einer Gelegenheit bedroht zu haben". Außerdem habe der 34jährige eine Woche vor dem Mord („Angaben") nach der Adresse von Ata in Uppsala gefragt sowie sich am Tage vor dem Mord in Stockholm (seinem eigenen Wohnort) aufgehalten.

3. Ein Mann aus Uppsala, sein Alter ist mir nicht bekannt. Seine Verbindung zur PKK wird darin gesehen, daß er Material der Organisation verteilt und das kurdische Buchcafé auf der David Bagares gata in Stockholm besucht habe. Des weiteren habe er „führende Persönlichkeiten" in ihren Wohnungen aufgesucht und „sorgfältig Seiten seines Charakters beim Umgang mit anderen Personen verborgen".

Die Verbindung zum Mord soll darin bestehen, daß der Mörder Z. K. („Angaben") in der Wohnung des Mannes „gelegentlich" übernachtet habe. Am Tage vor dem Mord habe der Mann bei einem Landwirt um Arbeit nachgesucht, was als Versuch gesehen wird, „sich ein Alibi zu verschaffen".

4. Ein 25jähriger Mann aus Malmö. Die Verbindung zur PKK wird darin gesehen, daß er den Namen des Vorsitzenden des Kurdischen Demokratischen Reichsverbands kannte sowie an Demonstrationen, die diese Organisation durchführte, teilnahm.

Die Verbindung zum Mord wird überhaupt nicht erwähnt. Dagegen gibt die Säpo an, daß der 25jährige („Angaben") Drohungen gegen einen Kurden ausstieß, der von den „Gewaltmethoden der PKK" Abstand nahm, und „eine Pistole vorgezeigt" habe.

5. Ein 39jähriger Mann aus einem Stockholmer Vorort. Die Verbindung zur PKK wird darin gesehen, daß der

Mann der Vorsitzende des Kurdischen Demokratischen Reichsverbandes ist und daß er sich ausdrücklich als Sympathisant der PKK bezeichnet. (Von diesem Mann, in meiner Schilderung weiter oben „Yusuf" genannt, wird behauptet, er sei der „Führer" der PKK in Schweden.)

Die Verbindung zum Mord wird darin gesehen, daß der Mörder Z. K. sowie ein Reisekamerad von ihm Yusufs Namen als Referenz bei der Einreise am 8. April 1984 nach Schweden nannte, zweieinhalb Monate vor dem Mord. Yusuf soll am 8. April im selben Café wie der Mörder und sein Reisekamerad Kaffee getrunken haben. Er soll („Angaben") Atas Adresse in Uppsala ausgeforscht und („Angaben") Abtrünnige von der PKK mit dem Tod bedroht haben.

6. Ein 34jähriger Mann aus Malmö. Die Verbindung zur PKK wird darin gesehen, daß er bei dem Asylantrag in Schweden angab, daß er aktiv für die Partei arbeitet (was, wie er beim Verhör sagt, erdichtet gewesen sei, um politisches Asyl zu erlangen). Er liest eine PKK-Zeitung und hat den Vorsitzenden des Kurdischen Demokratischen Reichsverbands getroffen. Er hat das kurdische Buchcafé in Stockholm besucht sowie mit anderen Kurden über die Gründung eines kurdischen Kulturvereins in Malmö diskutiert.

Die Verbindung zum Mord soll sich darin zeigen, daß er einmal die Person getroffen hat, die mit dem Mörder Z. K. am 8. April 1984 nach Schweden einreiste, und er („Angaben") am Tag vor dem Mord den Mörder Z. K. in seinem Auto von Helsingborg nach Stockholm mitnahm. Des weiteren hat der 31jährige („Angaben") an einem Treffen teilgenommen, auf dem diskutiert wurde, wer beim Gerichtsverfahren anwesend sein sollte.

7. Ein 27jähriger Mann aus einem Stockholmer Vorort. Die Verbindung zur PKK wird darin gesehen, daß er das kurdische Buchcafé besuchte und an einer Demonstration

teilnahm, zu der der Kurdische Demokratische Reichsverband aufgerufen hatte. Des weiteren habe er sich bereit erklärt, auf Yusufs Bitten hin ein Telefon für das Buchcafé anzuschaffen, was „nicht normal erscheint". Er hat der Organisation seine Dienste in Form von „Malerarbeiten und Besorgung von Möbeln" angeboten. Der 27jährige habe auch „Funktionäre der PKK" in seiner Wohnung übernachten lassen und „Geld auf Rechnung der PKK disponiert".

Die Verbindung zum Mord wird darin gesehen, daß er „ohne die geringsten Bedenken nach dem Mord an Enver Ata das Buchcafé aufsuchte, in dem über den Mord diskutiert wurde". Weiterhin soll er („Angaben") an der Planung des Besuches der Gerichtsverhandlungen gegen den Mörder Z. K. teilgenommen haben.

8. Ein 30jähriger Mann aus Malmö. Die Verbindung zur PKK wird darin gesehen, daß er nur widerwillig der Polizei gegenüber Angaben über seine eigene Person machte. Bei einer Demonstration hängte er einem anderen Demonstrationsteilnehmer ein Plakat um, der eine Banderole mit den Buchstaben PKK in der Hand hielt. Der Widerwille des 30jährigen, mit der Säpo zu sprechen, stimmt „ganz mit dem überein, was man von einem von einer terroristischen Organsation ausgebildeten Mitglied erwarten kann".

Die Verbindung zum Mord zeige sich darin, daß er „im Mai 1984 an der Vorführung eines Propagandafilms der PKK teilnahm, in dem unter anderem Hetze gegen abtrünnige Mitglieder betrieben wird".

Hinter diesen acht Schriftsätzen verbergen sich drei der höchsten Beamten der Säpo: Polizeiintendent Alf Karlsson, Abteilungsleiter (und seit 1986 stellvertretender Säpo-Chef) P.-G. Näss und Polizeiintendent Christer Ekberg. Jedes Dokument ist von einem dieser drei Säpo-Leute unterschrieben.

Die Mitgliedschaft in oder die nahe Verbindung dieser acht Kurden zu der PKK wird allerdings in keinem einzigen Fall tatsächlich bewiesen. Für sieben von ihnen gilt nur die klassische Devise aus den Zeiten der Hetzjagd McCarthys auf die Kommunisten in den USA in den fünfziger Jahren: „Guilt by association", das heißt also schuldig wegen Zusammenschlusses. Die Säpo führt im Prinzip nur drei Argumente dafür an, daß sie PKK-Mitglieder sind: Sie kennen andere vermutete PKK-Mitglieder, sie haben das kurdische Buchcafé in Stockholm besucht, und sie haben an Aktivitäten teilgenommen, die der Kurdische Demokratische Reichsverband (KDR) organisiert hat.

Zur Bekanntschaft mit „PKK-Mitgliedern" kann man sagen, wenn das ein hinreichendes Kriterium dafür sein soll, selbst als „PKK-Mitglied" bezeichnet zu werden, wäre die ganze Menschheit Mitglied der PKK. Denn diesen „neuernannten" PKK-Mitgliedern sind natürlich weitere Personen bekannt, die damit ebenfalls zu „PKK-Mitgliedern" werden, die ihrerseits wieder andere Personen kennen, etcetera, etcetera. Daß Einwanderer derselben Nationalität einander kennen, ist üblich und bedeutet nicht, daß sie Mitglieder in derselben politischen Partei sind.

Die Verdachtsmomente aufgrund der angeführten Besuche des kurdischen Cafés in Stockholm oder der Teilnahme an Aktivitäten der KDR sind in sich selbst widersprüchlich. Die Aktivitäten, die angeführt werden – das Kaffeetrinken in einem Buchcafé, politische Diskussionen, Teilnahme an Demonstrationen – gehören zu den Freiheiten, die in Schweden garantiert werden. Zudem bestehen bisher keine Zweifel daran, daß der KDR eine demokratische Organisation ist, und niemand hat auch bislang behauptet, daß irgendwelche Gesetzeswidrigkeiten im Rahmen der Tätigkeit des KDR stattfanden. Das „Zwielichtige" liegt einfach darin, daß diese Organisation im Herbst 1984 als eine „Tarnorganisation der PKK" bezeichnet wurde – von der Säpo selbst. Damit werden diese Menschen einer Beweisführung im Zirkelschluß ausgesetzt: „Sie haben an Aktivitäten einer Organisation teilgenommen, die zu einem späteren Zeitpunkt als terroristisch angehaucht abgestempelt wurde, und deshalb sind sie ebenfalls terroristischer Tätigkeit verdächtig – obwohl die Organisation zu dem Zeitpunkt, als sie Verbindung zu ihr hatten, als ganz und gar demokratisch betrachtet wurde." Mit dieser Logik können wir alle in einer fernen, unbekannten Zukunft zu Terroristen abgestempelt werden.

Zur Sache gehört auch, daß der KDR kaum als eine „Tarnorganisation" der PKK bezeichnet werden kann. Er ist eher ein politisch engagierter Kulturverein von typisch schwedischer Art mit einigen Hundert Mitgliedern, in dem eine kleinere Gruppe PKK-Sympathisanten mitwirkt. Und wenn der KDR wirklich eine „Tarnorganisation" im konspirativen Sinn wäre – so würde das wiederum dagegen sprechen, daß die PKK eine Terrororganisation ist, denn die Tätigkeit des KDR ist ja demokratisch und legal.

Nur einer der acht Verdächtigten, der 39jährige Yusuf bezeichnet sich selbst als Sympathisant der PKK. Im eigenen Sprachgebrauch der Säpo könnte man nun sagen, daß „dies ein Schulbeispiel dafür ist, wie ein ausgebildeter Terrorist *nicht* auftreten soll".

Von den Verdachtsmomenten hinsichtlich einer Verbindung mit dem Mord an Enver Ata sind die meisten entweder reiner Nonsens (wie der Besuch eines öffentlichen Gerichtsverfahrens oder die Anwesenheit bei einer Videovorführung) oder sie basieren auf anonymen Angaben aus dem Informantenkreis der Säpo – der nicht nur für mich, sondern auch, wie sich zeigte, für die Staatsanwaltschaft und das Gericht unkontrollierbar ist.

135

Andere Anklagepunkte sind ganz einfach üble Mißdeutungen von Fakten: An einem anderen Ort sich aufzuhalten ist „ein Versuch, sich ein Alibi zu verschaffen". Mit der gleichen Logik müßten alle Hinweise auf Aufenthalte verdächtiger Personen in Stockholm oder Uppsala an den Tagen vor dem Mord gleichbedeutend damit sein, daß sie unschuldig sind, da sie „nicht versuchten, sich ein Alibi zu verschaffen". Das kurdische Buchcafé wird mit den Worten als Ort geheimer Verschwörungen verdächtigt: „Ohne Bedenken das Buchcafé aufgesucht, in dem über den Mord diskutiert wurde". Eine Behauptung, die wohl eher darauf hindeutet, daß Person und Ort unverdächtig sind.

Dem Faß den Boden schlägt die Säpo wohl mit der Behauptung aus, daß einer der Beschuldigten „leugnete, daß er Enver Ata bedrohte", wobei der Leser das Fehlen des obligatorischen Zusatzes „Angaben zufolge" beachten sollte. Es ist dies eine Variante des klassischen Gerüchts: „Der Mann leugnet, seine Frau mißhandelt zu haben."

Befreit man die Anschuldigungen von diesem Unsinn, bleiben drei ernsthafte Behauptungen übrig. Die erste ist, daß der Mörder Z. K. zusammen mit einem Reisekameraden Yusufs Namen als Referenz bei der Einreise nach Schweden zweieinhalb Monate vor dem Mord angab. Das deutet zweifellos auf eine Verbindung zwischen Yusuf und dem Mörder hin, ist aber kein Beweis dafür, daß Yusuf in die Planung des Mordes verwickelt war.

Doch diese Darstellung der Säpo ist eine Verdrehung der Wahrheit. Bei der Einreise nach Schweden am 8. April 1984 war der Mörder Z. K. in Begleitung von drei anderen Personen kurdischer Nationalität. Irgendeinen Hinweis, daß die drei auch nur die geringste Ahnung hatten, daß Z. K. einige Monate später jemanden in Schweden ermorden würde, gibt es nicht. Und wenn sie es gewußt hätten – und wenn der Mord im Auftrag der PKK geschehen wäre –, würden sie da bei der Einreise Yusufs Namen, den

Namen „des PKK-Chefs in Schweden" genannt haben? Von den vieren war es nur ein einziger, der Yusuf als Referenz nannte. Und diese Person war nicht der Mörder. Z. K. hat nie Yusufs Namen genannt, das bekräftigt der seiner Zeit diensttuende Kriminalinspektor der Polizei in Helsingborg. Dennoch behauptet die Säpo, daß *zwei* der Einreisenden, einer von ihnen ist Z. K., Yusuf als Referenz angaben.

Die zweite ernstzunehmende Beschuldigung ist, daß der 34jährige Mann aus Malmö den Mörder Z. K. mit seinem Auto von Schonen nach Stockholm am Tag vor dem Mord mitnahm. Wenn in dieser Behauptung ein Körnchen Wahrheit läge, wäre sie ein wichtiger Hinweis für die Polizei in Uppsala, die die Ermittlungen im Mordfall führte. Aber auch diese Angabe ist mit den so häufig vorkommenden Fragwürdigkeiten der Säpo behaftet. Der Hintergrund dazu findet sich in einem anderen PM der Säpo, das auf den 12. November 1984 datiert ist. Dort steht, daß der 34jährige „laut Zeugenaussagen gehört wurde, wie er nach dem Mord damit prahlte, den Mörder in seinem Auto von Schonen nach Stockholm mitgenommen zu haben". Hier muß man genau auf den geschriebenen Text achten: „Laut Zeugenaussagen *gehört wurde*, daß er prahlte...". Der Informant der Säpo hat also nicht selbst den 34jährigen über die Tat prahlen hören, er gibt an, daß „gehört wurde" wie er prahlte. Aber die Quelle ist natürlich anonym und der tatsächliche Ursprung der Behauptung liegt noch weiter im Dunkeln zurück.

Der 34jährige selbst weist die Angaben mit Bestimmtheit zurück. Er sagt, daß sich nur zwei Personen im Auto befanden, er selbst und ein namentlich genannter Bekannter. Die Reise wurde deshalb unternommen, weil ein neuer Fremdenpaß beim türkischen Konsulat in Stockholm ausgestellt werden mußte – eine Darstellung, die sich bei näherer Überprüfung als richtig erwies.

Die dritte ernstzunehmende Beschuldigung richtet sich

gegen den 25jährigen aus Malmö. Sie betrifft nicht den Mord an Enver Ata, sondern die Tatsache, daß der 25jährige einen anderen Kurden bedrohte und zugleich mit einer Pistole herumfuchtelte. Nicht einmal hierfür will die Säpo den 25jährigen angeklagt wissen (wegen eines Waffenvergehens), was darauf hindeutet, daß die Angaben schlichtweg erfunden sind. Der 25jährige selbst hat verzweifelt die Säpo gebeten, die Sache vor ein Gericht zu bringen, weil er seine Unschuld bewiesen haben wollte.

Es ist nicht unmöglich, daß der Mörder Z. K. Hilfe von einer oder mehreren Personen in Schweden gehabt hat. Diesen Beweis zu führen war der Polizei aber nicht möglich. Vor allem hat die Säpo nicht beweisen können, daß irgendeine von diesen acht Personen in den Mord verwickelt war. Eine kritische Lesart gibt statt dessen genau das gegenteilige Bild: Einige von diesen Personen haben sich zufälligerweise am Tag vor dem Mord in Stockholm aufgehalten, und deshalb haben sie gut in die Komplottheorie der Säpo hineingepaßt. Ein anderer hat ein Alibi, welches als ein besonders ausgebuffter Trick gegen ihn verwandt wird. Die Angabe, daß ein Begleiter des späteren Mörders bei der Einreise nach Schweden Yusufs Namen als Referenz hinterließ, spricht mehr *für* als gegen Yusuf.

Der ganze Nonsens würde nicht einmal als Drehbuch bei der amerikanischen Filmkomödienserie „Polizei-Akademie" angenommen werden. Die Beamten der Säpo begehen ständig einen entscheidenden Fehler: Für ihre Untersuchung haben sie nur das herangezogen, was gegen die Beschuldigten sprach. Was sie entlastete wurde nicht aufgenommen, obwohl dies vom Gesetz vorgeschrieben wird. Und wenn man dann noch die Ansammlung von direkt lügenhaften und dummen Behauptungen gegen die acht Kurden hinzunimmt, muß man Sinn und Zweck der Ermittlung hinterfragen.

Die Antwort darauf kann die Art und Weise geben, wie

die Säpo die Ermittlungen fortsetzte. Sie legte einen Bericht vor, in dem acht Personen der Beihilfe zum Mord verdächtigt werden. Der normale Gang ist, daß die Ermittlungen an die Staatsanwaltschaft weitergereicht werden, die die Verdächtigten anklagt, wenn die Staatsanwaltschaft die Verdächtigungen als juristisch haltbar beurteilt. Die Ermittlungsergebnisse würden in einem solchen Fall dem Bezirksstaatsanwalt Bertil Carrick in Uppsala übergeben werden. Aber die Säpo weigerte sich, ihm mitzuteilen, aus welchen Quellen die Angaben stammten. Bei einer Gerichtsverhandlung in Uppsala im Herbst 1984 äußert der Abteilungsleiter der Säpo, P.-G. Näss, daß „dem Bezirksstaatsanwalt klar sein muß, daß die Angaben, die wir erhalten haben, uns unter solchen Bedingungen gemacht worden sind, daß wir die Quellen nicht verraten können."

In dieser Situation hat Bertil Carrick keine Wahl. Der Inhalt des Ermittlungsberichts reicht nicht für eine Anklage – zugleich erhält er keinen Zugang zu den Zeugen, die die Verdächtigungen bestätigen könnten. Am 5. September 1984 schlägt er die Voruntersuchung über den Verdacht der Beihilfe zum Mord an Enver Ata nieder.

Das mag nun als Niederlage für die Beamten der Säpo erscheinen. Sie haben viel Arbeit investiert, den acht Kurden eine Beihilfe zum Mord anzulasten, und nun legt der Staatsanwalt den Fall zu den Akten. Tatsächlich aber war es genau umgekehrt: Wäre es zu einer Anklage gekommen – dann wäre die ganze Ermittlung wie eine Seifenblase geplatzt. Der Wert der Zeugenaussagen war nahezu bedeutungslos – oft handelte es sich sogar um direkte Lügen, was die Säpo selbstverständlich wußte. Die Einstellung des Verfahrens lag deshalb im Interesse der Säpo.

Nachdem Bertil Carrick seinen Entschluß gefaßt hatte, ging die Säpo nämlich zur Regierung. Der Einwanderungsministerin Anita Gradin sagte man ungefähr folgendes: „Nun haben wir die Verwicklung dieser Menschen in den Mord an Enver Ata untersucht, und wir sind davon überzeugt, daß sie schuldig sind. Eigentlich müßten sie angeklagt werden, aber wir können der Staatsanwaltschaft unsere Quellen nicht preisgeben. Täten wir das, schwebten die Informanten nämlich in Lebensgefahr, da die Mörderbande aus Mitgliedern der PKK besteht, einer Terrororganisation, was unsere Untersuchung auch bewiesen hat. Deshalb kann jetzt keine Anklage erhoben werden, aber weil wir wissen, daß sie schuldig sind, muß die Regierung sie ausweisen."

Anita Gradin und die Regierung glauben den Märchen der Säpo. Der Beschluß über die Ausweisung der acht Kurden wurde gefaßt, es wurde ihnen aber erlaubt, unter Kommunalarrest weiter in Schweden zu bleiben, bis die Verhältnisse in der Türkei es erlauben würden, ihnen einen Fahrschein nach dort auszustellen.

15. Kapitel
Der Mord im Gemeindehaus

Die Abstempelung der PKK zur Terrororganisation und der neun Kurden zu Mordgehilfen im Spätherbst 1984 führte dazu, daß eine Anzahl von Kurden von der Säpo intensiv überwacht wurde. Ihre Telefone wurden abgehört und zeitweise wurden sie beschattet. Nicht nur die mit einem Kommunalarrest belegten Kurden wurden überwacht, sondern mindestens zwei weitere Personen: der Anwalt Ibrahim und Delil.

Der Anwalt Ibrahim hat enge Verbindungen zur Führung der PKK in Syrien. Er besitzt eine Aufenthaltserlaubnis für Schweden, befindet sich aber oft auf Reisen, um für die kurdische Sache zu arbeiten. Von der Säpo wird er „juristische Klammer" des PKK-Kaders in Schweden genannt.

Delil wird von der Säpo als PKK-Ideologe in Schweden angesehen, eine Behauptung, die niemals konkretisiert worden ist, sondern sich darauf gründet, daß er offen mit der PKK sympathisiert und die Ermittlungsbeamten während des Verhörs seinen scharfen Intellekt konstatieren konnten. Die Säpo hätte auch ihn gern zum Terroristen abgestempelt, aber es gelang ihr nicht, darüber Angaben von Wert zu bekommen.

Obwohl kein Staatsanwalt eine Voruntersuchung gegen Delil wegen des Verdachts, ein Verbrechen begangen zu haben, nach den Vorfällen im Jahre 1984 einleitete – jedenfalls keine, von dem Delil oder sein Anwalt Bengt Söderström unterrichtet wurden –, wurde auch sein Telefon abgehört. Ich selbst habe die Niederschrift mehrerer Telefongespräche gelesen.

Die mit Kommunalarrest belegten Kurden und ihre Gesinnungsfreunde leiteten im Jahre 1985 eine Kampagne gegen den Regierungsbeschluß ein. Sie bezweckten damit, daß ihre Abstempelung zu Terroristen aufgehoben würde. Der Anwalt Ibrahim vertrat die Sache vor dem Europarat, und im Herbst wurde eine Reihe Protestaktionen durchgeführt, u.a. ein Demonstrationszug von Stockholm nach Malmö. In mehreren Städten begannen Hungerstreiks. Die Protestaktionen fanden großes Interesse bei den Massenmedien, und die Öffentlichkeit ergriff zunehmend Partei für die Kurden. Da wurden die Kurden von einem neuen Schlag getroffen. Am 2. November 1985 wurde ein weiteres ehemaliges Mitglied der PKK ermordet.

Sein Name war Cetin Güngör, ein früheres Mitglied des Zentralkomitees der PKK. Nach seinem Ausstieg war er von der schwedischen Sicherheitspolizei fürstlich behandelt worden. Er hatte nicht nur Asyl in Schweden erhalten, obwohl er bereits in Frankreich Asyl bekommen hatte – eine Gunst also, die nur wenigen Kurden vergönnt war –, sondern wurde auch von der Säpo beschützt, die ihm eine neue Identität gab und Zugang zu mehreren Wohnungen verschaffte. Als er aber auf einem Fest im Gemeindehaus erschossen wurde, fehlte merkwürdigerweise der Schutz.

Der Mörder N. C. schoß Cetin Güngör kaltblütig in den Kopf. Nach dem Mord wurde N. C. von den aufgebrachten Freunden Güngörs ergriffen, er konnte sich vor der drohenden Lynchjustiz nur durch einen Sprung aus einem Fenster retten. Dann wurde er von einer eintreffenden Streifenwagenbesatzung verhaftet. N. C. bekannte sich zu dem Mord. Er gab an, einer Organisation mit dem Kürzel KUKNKB anzugehören, die die „Hinrichtung des Verräters Güngör" beschlossen hatte. N. C. wurde wegen des Mordes zu einer lebenslänglichen Freiheitsstrafe verurteilt.

Auch in diesem Fall vermutete man, daß der Mörder

Gehilfen hatte, die in Schweden wohnten. Für diesen Verdacht sprachen zwei konkrete Indizien. Das eine war ein Wohnungsschlüssel in der Tasche des Mörders. Er paßte zu der Wohnung eines 27jährigen kriminell vorbelasteten Kurden, von dem die Säpo annahm, er sei ein Mittelsmann zwischen der PKK und einem wegen Heroinhandels verurteilten 42jährigen Verwandten. (Auf diese behauptete Verbindung werde ich später zurückkommen. Der 27jährige war aufgrund dieser Behauptung in die Fahndung nach Terroristen hineingezogen und durch diese fürsorgliche Behandlung der Säpo zum Terroristen abgestempelt worden.) Zum anderen stammte die Mordwaffe ursprünglich aus einem Einbruch 1978 in Handen, einem Vorort Stockholms.

Irgendeine Erklärung dafür, wie der Mörder an die „schwedische" Waffe kam, fand die Polizei niemals. Und die Existenz des Schlüssels in seiner Tasche erklärte der 27jährige damit, daß viele Menschen im Oktober in seiner Wohnung ein- und ausgegangen wären, da einer der Hungerstreiks in seiner Wohnung in dem Stockholmer Vorort stattgefunden hatte. Deshalb waren mehrere Schlüssel seiner Wohnung im Umlauf.

Der 27jährige hatte selbst an dem Fest teilgenommen, auf dem Güngör ermordet wurde, was den Verdacht verstärkte, er sei ein Komplize des Mörders N. C. gewesen. Es zeigte sich jedoch später, daß er von Verwandten dazu eingeladen worden war. Deshalb wurde auch bald die Voruntersuchung gegen den 27jährigen eingestellt. Auch wenn der 27jährige N. C. persönlich den Schlüssel gegeben hätte, was er leugnete, würde das nicht die Behauptung stützen, daß er die Mordpläne N. C.'s kannte.

Für die Sympathisanten der PKK in Schweden und für die mit Kommunalarrest belegten Kurden war der Mord ein Rückschlag in ihrem Bemühen, nicht mehr als Terroristen verfolgt zu werden. In der Öffentlichkeit schwanden die Sympathien, die sie für ihre Sache gewinnen konnten. Trotz der negativen Folgen für diese Menschen behauptete die Säpo wiederum – ohne die Behauptung zu beweisen –, daß der Mord von der PKK und mit Beihilfe der „schwedischen Führer" der PKK geplant wurde.

Dieser Verdacht wurde von Hans Holmér in den Ermittlungen zum Palme-Mord wieder zum Leben erweckt. Als die PKK im Sommer 1986 im Mittelpunkt der Ermittlungen Hans Holmérs steht, macht er die drei „Führer der PKK in Schweden", Yusuf, Ibrahim und Delil, für die Planung des Mordes an Olof Palme verantwortlich. Der Mord an Cetin Güngör ist der Umweg, den Holmér nimmt, um an diese drei Kurden heranzukommen.

16. Kapitel
Der Waffenhinweis

Schon am ersten Tag nach dem Mord an Olof Palme wird Yusuf, den die Säpo für den Vorsitzenden des schwedischen Zweiges der PKK hält, verhört. Er ist auch einer von denen, die bei der Razzia im Januar 1987 festgenommen werden. Während des ganzen ersten Monats, also im März 1986, suchen Polizisten eine große Anzahl Kurden auf, verhören sie und versuchen sie zu dem Eingeständnis zu bringen, daß die PKK den Mord begangen habe.

Den Zweck dieser Hausbesuche formuliert Hans Holmér deutlich in seiner Artikelserie in „Dagens Nyheter" (9. Juli 1987): „Die Absicht bei dieser Operation ist nicht nur, Informationen zu bekommen, sondern auch einzuschüchtern und die Leute durcheinander zu bringen, in der Hoffnung, daß jemand singen werde, daß jemand verzweifelt oder ganz einfach erlahmt, bei der polizeilichen Überwachung nicht mehr genau aufpaßt, oder Informationen preisgibt, nur um in Ruhe gelassen zu werden."

Holmér berichtet auch, daß man sowohl bei „Verdächtigten als auch bei Unverdächtigen" zu Hause „operiere". Damit offenbart Holmér deutlich seine Einstellung zu diesen Menschen: Sie sind von vornherein des Mordes an Olof Palme verdächtig, einfach weil sie Kurden sind, und weil die Säpo annimmt, sie besäßen Verbindungen zur PKK. In der Anfangsphase der Fahndung gab es keine konkreten Beweise für diese Verdächtigungen, weder hinsichtlich der Organisation der PKK noch hinsichtlich einzelner Menschen kurdischer Herkunft. Holmér war jedoch von noch mehr Vorurteilen behaftet: Er versuchte auch Kurden einzuschüchtern, die in seinen Augen „nicht verdächtig" waren. Doch auch die Einschüchterungstaktik lieferte der Polizei keine verwendbaren Hinweise.

Erst am 12. Mai 1986 erhält die Polizei einen vagen Hinweis auf Personen kurdischer Nationalität. Dieser Hinweis wurde später der „Seppo-Tip" genannt, nach dem Namen des Finnen, der den Tip gab. Seppo war im April 1986 aus dem Täby-Gefängnis entlassen worden und berichtet der Polizei, daß er am 10. Februar 1986 einen Auftrag erhalten habe, zwei Revolver zu beschaffen. Die Auftraggeber waren, so Seppo, zwei Mitgefangene der Anstalt, ein 42jähriger Kurde, der wegen Heroinhandels einsaß, und der 36jährige Kroate, der Anfang der siebziger Jahre für den Mord an dem jugoslawischen Botschafter Rolovic verurteilt worden war. Für seine Bemühungen sollte Seppo 5000 Kronen und einen neuen Anzug bekommen. Wofür die Waffen verwendet werden sollten, fragte er nicht.

Am 15. Februar 1986 bekam Seppo Hafturlaub und nahm Kontakt zu einem 45jährigen Finnen auf, der ihm die Waffen beschaffen wollte. Seppo fuhr mit einem Taxi zu diesem Mann, der ihm dann auch zwei Revolver der Marke Smith & Wesson überreicht haben soll. Seppo fuhr dann mit dem Taxi weiter und übergab die Waffen dem 42jährigen Kurden in dessen Wohnung.

Als die Polizei die Geschichte Seppos überprüft, erweist es sich, daß er die beschriebene Taxifahrt tatsächlich unternommen hatte. Seppos Verlobte berichtet der Polizei, daß er an diesem Tag mit viel Geld in der Tasche nach Hause gekommen sei. Aber weiter kommt die Polizei nicht. Der 36jährige Kroate und der 42jährige Kurde leugnen, die Waffen bei Seppo bestellt zu haben. Der 45jährige Finne bestreitet, die Waffen geliefert zu haben. Der Finne berichtet mir, daß er Seppo einmal in der Wohnung eines Bekannten, M., getroffen habe und daß Seppo dort erzählte, daß er eine Putzfirma besitze. Da er selbst als Springer in der Baubranche tätig sei, brauche er manchmal die Hilfe eines Reinigungsunternehmens. Er fragte deshalb, ob Seppo ihm helfen könne. Da Seppo zu der Zeit keine feste Adresse hatte oder sie nicht angeben wollte (er saß ja im Gefängnis), habe er statt dessen Seppo seine Adresse und seine Telefonnummer für eventuelle zukünftige Kontakte gegeben.

Der 45jährige sagt, daß es sehr gut sein könne, daß Seppo ihn am 15. Februar aufgesucht habe, daß er ihn aber nicht angetroffen haben könne. Er meint, daß Seppo hinsichtlich der Waffenbeschaffung lüge, weil er nach der Entlassung aus dem Gefängnis Probleme hatte und glaubte, daß ein Tip an die Polizei hinsichtlich des Palme-Mordes ihm helfen könnte. (Das geschah auch – Seppo wurde während der Zeit, in der wegen der „PKK-Spur" ermittelt wurde, von der Polizei verpflegt und mit einer Unterkunft versorgt.)

Der 45jährige wird von der Polizei schon vor dem Mittsommer 1986 verhört und später nochmals mehrere Male. Er bestreitet die ganze Zeit den Waffenhandel.

Hier steht also wieder Aussage gegen Aussage. Aber nicht einmal das: Seppo ändert seine Darstellung während des Verhörs am 20. Januar 1987 mehrere Male. Die Polizei entschied sich jedoch schon frühzeitig, Seppos erster Version zu glauben; die Version eines kürzlich freigelassenen Gefängnisinsassen mit Alkohol- und Geldproblemen.

Wenn wir annehmen, daß Seppo die Wahrheit sagt, daß er also der kurdischen Dealerbande Waffen lieferte, gibt es jedoch noch immer keine Verbindung zum Mord an Olof Palme. Seppo weiß, daß Hans Holmér nach einem Revolver der Marke Smith & Wesson sucht. Aber wie ich schon früher gezeigt habe, gibt es keinen Beweis dafür, daß ein Revolver der Marke Smith & Wesson die Mordwaffe ist.

Die Voraussetzung dafür, daß das Waffengeschäft eine

Bedeutung für die „PKK-Spur" hat, ist der Nachweis einer Verbindung zwischen dem 42jährigen Kurden und der PKK. Gibt es diese Verbindung nicht, zerbricht auch der behauptete Zusammenhang mit dem Palme-Mord. Die Annahme der Polizei, daß diese Verbindung besteht, geht auf die Behauptungen zurück, die die Säpo in ihrem Terroristenbericht des Jahres 1984 machte. Der 42jährige Kurde kam Mitte der siebziger Jahre nach Schweden und wurde 1980 wegen Rauschgiftdelikten verurteilt. Er hatte der sogenannten Türkei-Connection angehört, die mit Heroin handelte. Der Mann ist beinahe Analphabet. Vermutlich begann er mit seinen Rauschgiftgeschäften schon kurz nach seiner Einreise nach Schweden. Die Säpo behauptet, daß der Gewinn aus den Rauschgiftgeschäften an die PKK ging.

Aber der 42jährige war schon in Rauschgiftgeschäfte verwickelt, bevor die PKK im Jahre 1978 gegründet wurde. Erst im Juli 1981, als der erste Kongreß abgehalten wurde, konstituierte sich die Organisation als Partei. Allein diese Tatsache erschüttert die Behauptung der Säpo über den 42jährigen, er beschaffe Geld aus dem Rauschgifthandel für die PKK. Auch hat die Säpo niemals beweisen können, daß der 42jährige tatsächlich Geld an die PKK überwiesen oder irgendeine andere Verbindung zu der Organisation gehabt hat. Aber die Behauptung, daß die PKK im Rauschgiftgeschäft in Schweden tätig sei, war der Säpo willkommen, um die Sympathisanten der Organisation zu Terroristen abstempeln zu können.

Und damit das Märchen von der Finanzierung durch Drogenhandel nicht in Ermangelung neuer Fakten selbst erstürbe, führte die Säpo ein neues Kettenglied ein. Dieses bestand aus dem 27jährigen Kurden, der im Sommer 1980 wegen Rauschgiftschmuggels nach Schweden verurteilt wurde. Es ist dieselbe Person, die am Lucia-Abend 1986 in der Altstadt wild um sich schoß und deren Wohnungsschlüssel in der Tasche des Mörders N. C. nach dem Mord im Gemeindehaus gefunden worden war. Dieser 27jährige kam im Sommer 1979 nach Schweden und traf sich mit seinem Vetter, dem 42jährigen aus der Rauschgift-Gang, wurde aber sehr rasch von der schwedischen Polizei ausgewiesen.

Als er ein Jahr später, wiederum aus der Türkei kommend, nach Schweden einreisen wollte, wurde er mit Rauschgift im Gepäck gefaßt.

Da der 27jährige vorbestraft war und mitunter an öffentlichen politischen Aktivitäten der Kurden (wie Demonstrationen) teilnahm, paßte er ausgezeichnet ins Bild der Säpo, das Bindeglied zwischen den Rauschgiftgeschäften des 42jährigen und der PKK zu sein.

Daß er wirklich das fehlende Glied ist, hat die Säpo niemals beweisen können. Tatsächlich ist es nur eine Erfindung. Das geht aus der einfachen Tatsache hervor, daß der 42jährige und auch der 27jährige von der Polizei schon im Sommer 1980 festgenommen wurden. Die Säpo begann mit den Ermittlungen gegen Sympathisanten der PKK allerfrühstens im Herbst 1980, also nach dem Putsch General Kenan Evrens in der Türkei am 13. September 1980 und nachdem der Strom kurdischer nationalistischer Flüchtlinge nach Schweden zunahm. Da vor diesem Zeitpunkt keine Überprüfung von tatsächlichen oder eingebildeten PKK-Mitgliedern durch die Säpo erfolgte, konnte man nicht wissen, wofür der 42jährige seine Gewinne aus dem Rauschgifthandel verwandte. Irgendeinen Zusammenhang zwischen der Tätigkeit der PKK – im Ausland oder in Schweden – und der Rauschgiftbande des 42jährigen gibt es nicht.

Hans Holmér hat in seiner Waffentheorie ein weiteres Problem. Es ist die behauptete Verbindung zwischen dem 42jährigen Kurden und dem Mörder Palmes. Wenn der 42jährige den Revolver der Marke Smith & Wesson von

Seppo wirklich gekauft hat, wie kann Holmér wissen, daß gerade eine von diesen Waffen beim Palme-Mord benutzt wurde. Die Antwort ist, daß Holmér es nicht weiß. Es ist eine reine Vermutung seinerseits ohne irgendeine Grundlage in Form von Fakten. Die Mordwaffe ist ja nicht gefunden worden, und auch der Mörder wurde bislang nicht ermittelt.

Holmér versucht seine Kurdentheorie dadurch zu stärken, daß er behauptet, die Polizei habe den „halben Namen" des Mörders bei einem abgehörten Telefongespräch gehört. Die Wahrheit aber ist, daß auch dies eine weitere Mutmaßung von Holmér ist. In den Tausenden von Telefongesprächen, die im Herbst 1986 abgehört wurden, gibt es unzählige Hinweise auf Kurden, die der Polizei unbekannt sind. Sehr oft wurden Kosenamen von gemeinsamen Bekannten benutzt und oft auch Decknamen. „Deckname" hört sich verdächtig an, aber man muß sich klar vor Augen halten, daß die Exil-Kurden einen bewaffneten Kampf in der Türkei unterstützen und daß sie wußten, daß sie von der schwedischen Geheimpolizei abgehört wurden. Sie haben vernünftige Gründe dafür, daß niemand, wer immer es auch sein mag, beispielsweise ihre internen Verbindungen am Telefon enttarnt.

Einer dieser kryptischen Namen, in Form eines kurdischen Vornamens, wird von Holmér als der „halbe Name" des Mörders bezeichnet, den die Polizei gehört hat. Aber irgend etwas, das darauf hindeutet, daß es ein solcher Kose- oder Deckname sei, der mit der Identität des Mörders zu tun hat, gibt es überhaupt nicht. Es gibt beispielsweise nichts in diesen abgehörten Gesprächen, das irgendeinen von diesen unbekannten Kurden mit dem Palme-Mord verbindet – oder wenigstens eine Verbindung andeutet. Daß dies der Fall ist, wurde unter anderem durch die Razzia vom 20. Januar 1987 bewiesen. Den Festgenommenen wurden keine Fragen hinsichtlich eines

Telefongesprächs über den Palme-Mörder gestellt. „Der Name des Mörders" ist ein Phantasieprodukt Holmérs.

Die Polizei erweiterte ihre windige Theorie mit anderen kleinen Details. Unter anderem wurde das Gerücht verbreitet, Leute „mit Verbindung zur PKK" hätten Sprechfunkgeräte und Walky-Talkies in den Tagen vor dem Mord ausgeliehen. Begreiflicherweise wurden diese Angaben in Zusammenhang mit den Verhören im Januar verbreitet. Auch dies ist eine Lüge, die nur die Theorie stützen sollte, der „Schatten" habe an der Kreuzung Tunnelgatan/Olofsgatan Schmiere gestanden, als Olof Palme ermordet wurde. Die Polizei wollte damit das Bild einer größeren kurdischen Konspiration schaffen. Wie ich in einem früheren Kapitel gezeigt habe, ist die Angabe über den „Schatten" völlig aus der Luft gegriffen, womit der Hinweis auf die „geliehenen Sprechfunkgeräte" nicht gerade glaubwürdiger wird. Um so schlimmer für die Polizei.

Hier einmal sämtliche konkreten Angaben, die die Polizei in der „PKK-Spur" hat: Eine Säpo-Lüge, der zufolge eine Verbindung zwischen einem kriminellen Kurden und der PKK bestehen soll, wonach der Kurde eine Waffe, von der man nicht im geringsten weiß, ob sie beim Mord an Olof Palme verwendet wurde, einem Mörder überbracht haben soll, von dem niemand weiß, wie er heißt; die Existenz dieser Waffe besteht nur in einer Angabe eines erst kürzlich freigelassenen Gefängnisinsassen und Alkoholikers, der zudem seine Erzählung mehrere Male änderte, als sie einer Kritik unterzogen wurde.

Das ist alles.

17. Kapitel
Die Köpfe

Der sogenannte Seppo-Tip über die Waffenlieferung war, als er der Polizei gegeben wurde, natürlich wert, überprüft zu werden. Die Lieferung konnte tatsächlich stattgefunden haben, und Palme konnte auch mit einem Revolver Marke Smith & Wesson ermordet worden sein. Wenn Hans Holmér jedoch die Angaben der Säpo über die behauptete Verbindung zwischen dem Empfänger der Waffe (dem 42jährigen Kurden) und der PKK kontrolliert hätte, wäre der Wert des Hinweises in der „Hauptspur" schnell verloren gegangen.

Statt dessen setzte Holmér die größte Polizeiaktion in der schwedischen Polizeigeschichte gegen die Personen in Gang, von denen er annahm, sie seien die Führer der PKK in Schweden. Dabei konzentrierte sich sein Interesse vor allem auf drei Kurden: Yusuf, von dem er behauptete, Chef der PKK in Schweden und Mitglied des Zentralkomitees der Partei zu sein; Delil, in dem Holmér den „schwedischen Ideologen" der PKK vermutete und dem er unterstellte, er habe die Mordaktion geleitet; sowie der Anwalt Ibrahim, der als „juristische Klammer" fungiert habe. Alle drei wurden Tag und Nacht überwacht und ihre Telefone abgehört.

Um diesen dreien eine Verbindung zum Mord nachweisen zu können, bedurfte es eines Motivs. Holmér fand es mit Hilfe der Säpo. Erstens solle sich die PKK dafür gerächt haben, daß 1984 eine Anzahl Kurden, die man der Mitgliedschaft in der PKK verdächtigte, von der schwedischen Regierung zu Terroristen gestempelt worden waren;

zweitens solle sich die PKK dafür gerächt haben, daß ihrem Vorsitzenden Abdullah Öcalan die Einreise- und Aufenthaltsgenehmigung in Schweden verweigert worden war.

Hans Holmér stützt sich dabei auf zwei Angaben. Im Herbst 1985 hatte man in einem Artikel des „Svenska Dagbladet" lesen können, die PKK werde sich dafür rächen, daß man sie zu einer Terrororganisation abgestempelt habe. Der Artikel beruht auf einem Interview, das der Anwalt Ibrahim gegeben hatte, und in dem er gesagt haben soll: Wenn „die Terroristenabstempelung nicht innerhalb von zwei Monaten aufgehoben wird, soll Schweden bestraft werden". Den anderen Hinweis zieht Holmér aus dem Terroristenbericht der Säpo, genauer aus dem Promemoria vom 17. September 1984, Beilage 3, Seite 6: „Aufgrund der verweigerten Einreiseerlaubnis hierher soll Abdullah Öcalan Repressalien gegen Schweden und vor allem gegen den Staatsminister Olof Palme planen."

Politische Rache, so Hans Holmér, sei also das Motiv für den Mord an Olof Palme gewesen. Wenn man jedoch bedenkt, daß die PKK im bewaffneten Kampf gegen einen bedeutend härteren Gegner als die schwedische Regierung steht, ist es schwer verständlich, daß Rache ein hinreichender Grund für eine solch riskante Tat ist. Die PKK zeichnet sich außerdem durch eine äußerst starke Disziplin aus; sie ist eine Partei, die durch die marxistisch-leninistische Ideologie geprägt ist, in der politischer Terrorismus dieser Art keinen Platz hat. Es gibt auch kein einziges Beispiel für Gewalttaten von seiten der PKK, in denen die Opfer nicht Kurden oder Türken waren. Trotzdem will ich Holmérs Version des Mordmotivs überprüfen.

Fragt man die Kurden selbst, was der Anwalt Ibrahim in dem besagten Interview gesagt hat, hört man eine völlig andere Version als die, die der Reporter von „Svenska Dagbladet" verbreitete. Da Ibrahim kein Schwedisch spricht, wurden seine Antworten bei dem Interview von Delil übersetzt. Delil zufolge sagte Ibrahim folgendes: „Wir hoffen, daß Schweden in den nächsten zwei oder drei Monaten mit den Schikanen gegen uns aufhört. Sonst werden wir alle erlaubten und demokratischen Mittel anwenden, um Schweden vor der europäischen Öffentlichkeit zu entlarven."

Delil und Ibrahim versuchten damals, eine Berichtigung der falschen Wiedergabe zu erwirken, der Reporter von „Svenska Dagbladet" behauptete jedoch, er habe Ibrahim richtig zitiert.

Es steht also Aussage gegen Aussage. Hierbei könnte jedoch von Gewicht sein, daß Ibrahim in dieser Zeit an einer Anklageschrift über die Abstempelung von neun Kurden in Schweden arbeitete, die vor den Europarat gebracht werden sollte. Dies paßt weit besser mit Delils Bericht darüber überein, was damals wirklich gesagt wurde, nämlich Schweden vor der europäischen Öffentlichkeit zu entlarven.

Es ist auch kaum zu glauben, daß Ibrahim Schweden „gedroht" haben soll, um der Abstempelung zu Terroristen entgegenzutreten. Es wäre sogar ein Widerspruch in sich, ungefähr nach dem Motto „wir sind keine Terroristen, aber wenn ihr das nicht begreift, werden wir Terroraktionen in Schweden durchführen, damit ihr es begreift".

Zu Terroristen abgestempelt zu werden und die Tatsache, daß die neun Kurden Kommunalarrest bekamen, rief natürlich in den Kreisen der Kurden, die über ganz Schweden verteilt wohnen, Zorn hervor. Die Maßnahmen wurden als ungerecht und kränkend empfunden, und es wurde aktiv an einer Gegenöffentlichkeit gearbeitet, um diese Beschlüsse wieder rückgängig zu machen. Aber das geschah die ganze Zeit in demokratischen Formen: Demonstrationen, Hungerstreiks, Protestmärsche, Flugblätter verteilen und öffentliche Kundgebungen. Also eine normale politische Aktivität in einer wichtigen Frage. Der Mord an einem Staatsminister paßt nicht in dieses Muster hinein.

Das andere, von Holmér angeführte Motiv, der PKK-Vorsitzende Abdullah Öcalan sei aufgrund des Einreiseverbotes so wütend geworden, daß er dem Staatsminister ermorden ließ, klingt zweifellos ziemlich naiv, um wirklich ernstgenommen zu werden. Nichts deutet darauf hin, daß die PKK von etwas anderem als ihren politischen Interessen in ihrem Heimatland geleitet wird, und da spielen wahrscheinlich persönliche Rachemotive einem Staatsminister gegenüber, der ein „Land in der Nähe des Nordpols" regiert, keine besonders große Rolle. Aber ich will einige Fakten in dieser Sache anführen.

Abdullah Öcalan stellte am 22. Oktober 1982 einen Antrag auf Einreise-, Aufenthalts- und Arbeitserlaubnis in Schweden. Das geschah bei der schwedischen Botschaft in Damaskus, der Hauptstadt Syriens. Er gab damals zwei Gründe für sein Ersuchen an: Zum einen wolle er zu seiner Frau Kesire, die seit 1981 eine Aufenthaltserlaubnis in Schweden hatte, zum anderen sei er in Syrien davon bedroht, jederzeit in die Türkei zurückgeschickt zu werden, wo ihn zweifellos Repressalien durch den türkischen Staat erwarten würden.

Der normale Gang bei einem solchen Ersuchen ist, daß der Botschafter das Gesuch des Antragstellers prüft und daß die schwedische Einwanderungsbehörde daraufhin den Beschluß faßt. In diesem Fall jedoch übergab die Einwanderungsbehörde das Beschlußrecht direkt an die Regierung.

Obwohl der schwedische Botschafter in Damaskus in seinem Bericht darauf hinwies, daß die Mitglieder der PKK in Syrien einem starken Druck ausgesetzt seien, und er daher das Gesuch befürwortete, erschien dies für die schwedische Regierung zu brenzlig. Die Säpo, die inzwischen erste Untersuchungen über die Rolle der PKK in Schweden angestellt hatte, riet davon ab. Da jedoch Abdullah Öcalan alle formalen Bedingungen erfüllte, um in Schweden Asyl zu erhalten, zögerte man die Beschlußfassung zunächst bis aufs äußerste hinaus, bis sich für die Regierung eine Möglichkeit auftat, das Problem zu umgehen. Während einer Auslandsreise verlor nämlich Kesire, Öcalans Frau, ihre schwedischen Reisepapiere und stellte von einer schwedischen Botschaft im Ausland aus ein erneutes Gesuch auf Einreise. Diese wurde ihr daraufhin einfach nicht mehr gewährt, womit gleichzeitig Abdullah Öcalans Ersuchen am 19. Januar 1984 mit der Begründung abgelehnt werden konnte, daß „seine Frau Kesire Öcalan freiwillig nach Syrien zurückgekehrt" sei. Damit bestanden keine Verbindungen mehr zu Schweden, und die Regierung konnte eine sehr indifferente Haltung gegenüber der Behauptung der Säpo einnehmen, Abdullah Öcalan sei ein Terrorist, dem eine Aufenthaltserlaubnis für Schweden zu verweigern sei.

Die Säpo behauptete nämlich, das Ersuchen des Ehepaares Öcalan, für Schweden eine Aufenthaltserlaubnis zu bekommen, sei ein Schritt in dem Plan der PKK, ihr Hauptquartier nach Schweden zu verlegen. Aber das ist lediglich eine Vermutung ohne faktische Begründung. Darüberhinaus konnte die Säpo auch nicht erklären, warum die PKK gerade in Schweden ihr Zentrum aufbauen wolle, einem Land, das weit weg vom eigentlichen Ort der Kämpfe liegt. Eine durchaus einfache, jedoch sehr plausible Erklärung für das Ersuchen des Ehepaars Öcalans ist, daß es sich tatsächlich in Syrien bedroht fühlte. Eine weitere denkbare Erklärung ist auch, daß Abdullah Öcalan mit schwedischen Reisepapieren hätte leichter und freier in Europa und im Nahen Osten umherreisen können.

Es ist natürlich gewagt, sich darüber zu äußern, wie

zornig Abdullah Öcalan war, als er von der Weigerung der schwedischen Regierung erfuhr. Er war jedoch nicht so sehr hinter einer Einreiseerlaubnis her, daß er sein Gesuch erneuerte, was er rein rechtlich hätte tun können.

Hans Holmér erachtet es in seiner Theorie über die Rolle der PKK als klar erwiesen, daß Yusuf, Delil und der Anwalt Ibrahim den Plan für den Mord an Olof Palme ausgedacht haben. Dabei trifft man jedoch auf ein praktisches Hindernis: Delil befand sich zwischen Januar und April 1986 im Ausland, der Anwalt Ibrahim ebenfalls in der Zeit, als die Tat stattfand, und Yusuf war in seinem Stockholmer Vorort mit Kommunalarrest belegt und wurde zudem von der Säpo regelmäßig überwacht. Zusätzlich wurde bei allen dreien das Telefon abgehört, und dies seit längerer Zeit.

Damit Holmérs Theorie überhaupt zutreffen kann, müßte der Mordplan geschmiedet worden sein, bevor Delil abreiste, das heißt spätestens im Januar 1986. Denn sonst hätten die drei den Mord nicht gemeinsam planen können. Daß dies nicht mittels einer Telefonkonferenz geschehen konnte, weiß Holmér aufgrund der ständigen Telefonüberwachung; es gab unter dem, was mitgehört worden war, nichts, das auf irgendeinen Mordplan hinwies. Dennoch behauptet Holmér, der Mord sei auf Befehl von Abdullah Öcalan in Damaskus ausgeführt worden, denn anders kann das Motiv der persönlichen Rache nicht abgeleitet werden. Da Delil von seiner Reise in den Nahen Osten nicht vor April zurückkam, also erst lange nach dem Mord, kann er die Mordinstruktionen von Öcalan nicht mitgebracht haben. Es gibt also beachtliche Hindernisse bei dem Gedanken, daß die drei Kurden der Kopf des Attentates gewesen sind, die Holmér erst beiseite räumen mußte, um eine logisch zusammenhängende Theorie zu erhalten.

Holmér löst die offene Frage, wer der mögliche Kurier

zwischen dem Vorsitzenden Öcalan und den anderen Kurden war, mit der Behauptung, Aydin, der Kurde aus Eskilstuna, sei derjenige gewesen, der den Mordplan aus Damaskus mitbrachte. Tatsache sei ja, daß er im Herbst 1985 dort gewesen sei. Die Verbindung zwischen Aydin, der seit 14 Jahren in Schweden wohnt, und der PKK ist allerdings schwer nachzuweisen. Das einzige, was in diese Richtung weist, ist, daß er Delil kennt und eine PKK-freundliche Zeitung abonniert hat. Aber soll das reichen?

Um das Bild von Aydin als Kurier stimmiger zu machen, behauptet Hans Holmér, der Beschluß, Olof Palme zu ermorden, sei im Herbst 1985 vom Zentralkomitee der PKK gefaßt worden, das heißt genau zu dem Zeitpunkt, da sich Aydin in Damaskus aufhielt. Des weiteren erklärt Holmér den Kurden Yusuf zum Hauptverantwortlichen für die konkreten Mordvorbereitungen. Koordiniert und bis ins Detail besprochen wurde dies, so Holmér, während des Caféhausbesuches in der David Bagares gata in Stockholm am 24. Februar 1986.

Die nächste Schwierigkeit seiner Theorie ist für Holmér, wie der ausgesandte Mörder – Holmér geht davon aus, daß er aus irgendeinem Land Europas herbeigeholt wurde – wußte, daß Olof Palme am Abend des 28. Februar ins Kino gehen würde. Da es sowohl unwahrscheinlich als auch unglaubwürdig wäre, zu behaupten, daß der von den Kurden gedungene Mörder den Hinweis auf den Kinobesuch von Angehörigen Olof Palmes oder der Säpo erhalten habe, oder daß die PKK Olof Palmes Telefon abgehört und auf diese Weise von dem geplanten Kinobesuch erfahren habe, muß er ihn also von der Wohnung aus beschattet haben. Holmér behauptet deshalb, die kurdische Mördergang habe draußen auf der Västerlånggatan 31 auf der Lauer gelegen. Niemand hat sie jedoch dort gesehen, weder die Leibwächter noch irgendein anderer, aber sie müssen, Holmérs Meinung nach, dennoch dort gewesen sein. Als zusätzliche Stütze kommt das Gerücht über die geliehenen Funksprechgeräte hinzu, das ich bereits früher erwähnte.

Mit diesen höchst eigenwilligen Hypothesen hat Hans Holmér schließlich eine komplette Theorie darüber zusammen, wie der Mord geplant und auf Befehl der PKK ausgeführt wurde. Dabei gibt es jedoch einen Haken: Kein einziges Detail in dieser Theorie wird durch Fakten gestützt. Alles, von Anfang bis Ende, ist eine reine Konstruktion, die nirgends und nie im Boden der Wirklichkeit verankert ist.

So liegen der Polizei keinerlei Angaben darüber vor, ob und wie Yusuf, Delil und der Anwalt Ibrahim den Mord geplant haben. Es gibt keinen Beweis dafür, daß Aydin den Mordplan von Damaskus mit nach Hause brachte. Und nichts deutet darauf hin, daß sich Yusuf beim Kaffeetrinken in besagtem kurdischen Café den detaillierten Mordplan aneignete. Es gibt keinen Beleg für Holmérs Behauptung, Olof Palme sei beschattet worden – außer, daß der blonde Riese, der am Tag vor dem Mord auf dem Sergels torg beobachtet wurde, ein überlanger Kurde mit Perücke hätte sein können. Mit nichts ist zu belegen, daß das Zentralkomitee der PKK den Beschluß faßte, Olof Palme zu ermorden. Des weiteren findet sich kein Beweis dafür, daß ein Mörder im Ausland angeheuert wurde. Und: Von keinem der aufgegriffenen Kurden läßt sich eine Verbindungslinie zum Ort des Mordes ziehen.

Hans Holmérs Theorie über die „Hauptspur" klingt nicht nur wie eine richtige Räuberpistole – sie ist es auch.

Und dennoch sagt Holmér schon im Spätsommer 1986, er sei von der Richtigkeit seiner Theorie vollkommen überzeugt. Zum Monatswechsel Oktober/November 1986 entscheidet Holmér, daß die drei „Köpfe" festgenommen werden sollen. Die vier Staatsanwälte, Zeime, Riberdahl, Helin und Josephson, schätzen die von Holmér favorisierte Hauptspur genau gegenteilig ein. Für sie besteht diese Hauptspur aus einer höchst zweifelhaften Waffengeschichte, die noch nicht einmal eine Verbindung zwischen dem angeblichen Waffenkäufer und der PKK aufweist, aus einer beinahe nur als lächerlich zu bezeichnenden Motivtheorie und der Phantasmagorie darüber, wie der Mord geplant wurde. Es gibt nichts, das auf die Richtigkeit der Theorie hindeutet. Als die Fahndungs-, Überwachungs- und Telefonabhöraktion im Herbst auch keine Resultate zeigt, stoppen die Staatsanwälte Holmérs geplanten Schlag gegen die Kurden.

Als die Razzia am 20. Januar 1987 dennoch in begrenztem Umfang in Szene gesetzt wird und 26 Personen zum Verhör abgeholt werden, weigern sich die Staatsanwälte erfolgreich, Yusuf, Delil und den Anwalt Ibrahim wegen des Mordes an Olof Palme von der Polizei verhören zu lassen. Sie teilen auch den Anwälten der Festgenommenen mit, daß diese drei Personen nicht im Verdacht stehen, etwas mit dem Mord an Olof Palme zu tun zu haben. Statt dessen verdächtigen die Staatsanwälte die drei aber eines anderen Verbrechens: der Beihilfe am Mord an Cetin Güngör im Gemeindehaus von Stockholm am 2. November 1985.

Um überhaupt die Erlaubnis der Staatsanwälte zu erhalten, die drei Kurden festnehmen zu können, war Holmér zu einem Umweg gezwungen. Er behauptete, die drei steckten hinter dem Mord an Cetin Güngör. Die Staatsanwälte widersetzten sich zwar dieser Vermischung zweier völlig verschiedener Mordfälle, gaben aber dem starken Druck Holmérs nach. Dessen Plan war, daß er eher Hinweise auf den Mord an Olof Palme erhalten würde, wenn er diese Kurden nur hinter Schloß und Riegel bringen würde. Außerdem würde die bloße Anklage wegen des Verdachts der Beihilfe an einem Mord – auch wenn es der „falsche Mord" sein sollte – seine Theorie, daß dies gefährliche Gewalttäter seien, in den Augen der Öffentlichkeit stärken.

Welche Hinweise gab es nun für den Verdacht, die drei Kurden hätten den Mord an Cetin Güngör geplant? Der Mord wurde, wie schon erwähnt, am 2. November 1985 begangen. Der Anklagebeschluß gegen die drei wurde Mitte Januar 1987 gefaßt; die Festnahme erfolgte während der Razzia am 20. Januar. Nicht genug damit, daß die Verdächtigungen, die von der Säpo gegen sie vorgebracht worden waren, bereits untersucht worden waren (was zu keinen Resultaten gegen sie geführt hatte) – die drei Verdächtigen hatten schon, bevor der Mord überhaupt geschah, unter intensiver Überwachung gestanden. Der Anwalt Ibrahim war mit Reiseverbot und Meldepflicht belegt und ständig waren irgendwelche Säpoleute auf seinen Fersen; Yusuf und Delil wurden auch ständig überwacht und ihre Telefongespräche wurden abgehört. Yusuf befand sich zudem in Kommunalarrest innerhalb seines Stockholmer Vorortes und konnte sich nicht über die Gemeindegrenzen hinaus bewegen, ohne festgenommen zu werden. Diese Überwachung war gerade in den Monaten vor dem Mord im Gemeindehaus besonders intensiv gewesen, da umfassende Protestaktionen vorhergegangen waren. Die drei Kurden hatten also einen sehr begrenzten Handlungsspielraum, um einen Mord planen zu können. Wie ich schon früher erwähnte, war der Mord außerdem gegen ihre eigenen Interessen gerichtet, das heißt dagegen, nicht länger als Terroristen abgestempelt zu werden. Alle Umstände in diesem Mordfall sprechen dagegen, daß sie schuldig sind.

Gegen die drei Kurden wurden bei dem Haftersuchen im Januar 1987 einige konkrete Angaben aufgeführt, die auf Ergebnissen der Polizeiüberwachung vor dem Mord beruhten, Angaben also, die seit langem bekannt waren. Die Verdachtsmomente gegen den Anwalt Ibrahim wurden als die stärksten angesehen. Er soll die Wohnung, die er von Delils Bruder mietete, dem Mörder N. C. eine Woche vor dem Mord überlassen haben. Als Beweis hierfür werden eine Anzahl aufgenommener Telefongespräche angeführt, wo eine anonyme Person, die von dieser Wohnung aus telefoniert, behauptet, N. C. zu sein. Eine Fotografie, aufgenommen von der Polizei, wird hervorgeholt und soll Ibrahim zusammen mit dem Mörder N. C. in Stockholm am 27. Juli 1985, also rund drei Monate vor dem Mord, zeigen. Des weiteren wird behauptet, Ibrahim und N. C. seien dreimal in Stockholm zum Monatswechsel Juli/August 1985 zusammen gesehen worden.

Alle diese Behauptungen werden von Ibrahim und seinem Anwalt Tomas Nilsson kategorisch zurückgewiesen: Das Bild, das die Polizei vorlegt, sei verschwommen und zeige nicht, daß es N. C. war, den Ibrahim traf. Ibrahim hat nicht die Wohnung eines anderen N. C. überlassen (die Angabe paßt überdies nicht mit der Existenz eines ganz anderen Wohnungsschlüssels in der Tasche des Mörder N. C.'s zusammen). Auch sei Ibrahim bei keiner Gelegenheit mit N. C. zusammengetroffen. Der Anwalt Tomas Nilsson hebt des weiteren „das Undenkbare" darin hervor, daß sich der streng überwachte Ibrahim mit einer Person zusammengetan haben soll, von der er wußte, daß sie ein Gewaltverbrechen plante.

Gegen Delil wird eine Anzahl mitgeschnittener Telefongespräche vor dem Mord angeführt, von denen die Polizei behauptet, daß Delil hier mit dem Mörder N. C. spreche. Außerdem behauptet die Polizei, Delil habe die Wohnung seines Bruders dem Mörder N. C. überlassen.

Delils „Absicht", das heißt sein Wissen darüber, daß N. C. Cetin Güngör ermorden würde, geht nach dem Haft-Promemoria der Staatsanwälte aus „Artikeln in der PKK-Zeitung 'Serxwebün', die so gedeutet werden können, daß Güngör sterben würde," hervor. Delil würde solchermaßen im voraus seine Mittäterschaft an einem Mord annonciert haben, welches zweifellos eine originelle Behauptung über eine Person ist, die von der Polizei als „einer der Köpfe" bezeichnet wird.

Auch Delil und sein Anwalt Bengt Söderström weisen alle Anklagen entschieden zurück: Delil hat die Wohnung seines jüngeren Bruders nicht N. C. überlassen, er hat nicht einmal Zugang zu einem Wohnungsschlüssel. Es ist nicht bewiesen, daß N. C. der anonyme Kurde am Telefon ist. Delil hat niemals Umgang mit N. C. gehabt, glaubt aber, N. C.'s Gesicht von einigen Besuchen des kurdischen Buchcafés her zu kennen.

Über die aufgezeichneten Telefongespräche – die über keinerlei Angelegenheiten, die auch nur annähernd als Vorbereitung zu einem Verbrechen gedeutet werden können, geführt wurden – sagt Delil im Verhör, daß er nicht gänzlich ausschließen kann, daß es N. C. ist, der am anderen Ende der Leitung spricht. Der betreffende Mann stellte sich ihm ja nicht vor, und Delil kennt auch seine Stimme nicht. Die Staatsanwältin Solveig Riberdahl (sie hat die Vernehmung übernommen, weil der Verhörsleiter, der Kriminalinspektor I. K., meist um die Sache herumredet und niemals zum Punkt kommt) wundert sich daraufhin, wie es möglich ist, daß Delil mit unbekannten Personen spricht.

Delil antwortet, seine Wohnung sei wie eine Telefonzentrale – das Telefon klingelt ohne Unterlaß und Kurden am anderen Ende der Telefonleitung fragen ihn nach allen möglichen Dingen oder nach anderen Personen. Besonders viele Telefonanrufe habe er gerade zu jenem Zeitpunkt erhalten, als die Protestaktionen stattfanden, denn er war eine zentrale Person in diesen demokratischen und friedlichen Protesten.

Ich selbst war mehrmals in Delils Wohnung und konnte feststellen, daß das Telefon fast unaufhörlich klingelte.

Delil sagt im Verhör auch, daß die Säpo diesen ungemein umfangreichen Telefonverkehr bei ihm zu Hause gekannt haben muß, da alle Gespräche abgehört wurden. Es ist also eine leicht zu kontrollierende Behauptung von ihm. Irgendeinen Bericht darüber, was all die anderen Gespräche beinhalten, legt die Polizei beim Verhör nicht vor. Es ist Delils Anwalt Bengt Söderström also unmöglich, sich ein Bild davon zu machen, in welchem Zusammenhang das Gespräch mit dem anonymen Mann geführt wurde.

Die Behauptung, daß es sich bei dem anonymen Mann, mit dem Delil (und auch Ibrahim) sprechen, um den Mörder N. C. handelt, belegt die Polizei (die die Angaben von der Säpo erhielt) mit der Behauptung, daß „ein Dolmetscher sowie Beamte der Polizei" die Stimme identifizierten. Welche Personen dies sind, wird nicht angegeben. Als die Niederschriften dieser Gespräche später bei der Gerichtsverhandlung gegen Delil vorgelegt werden, findet sich ein kleiner Zusatz: „Es besteht die Absicht, eine technische Stimmenanalyse durchzuführen" – also von der Stimme des unbekannten Mannes. Diese aufgezeichneten Telefongespräche befanden sich bereits 15 Monate bei der Säpo, als sie in dem Gerichtsverfahren gegen Delil und Ibrahim angeführt werden. Solange hatte man Zeit gehabt, die technische Analyse durchzuführen. Doch es geschah nichts, verwunderlich, wenn man bedenkt, daß damit eine Möglichkeit bestand, zu belegen, daß Delil und Ibrahim zumindest telefonischen Kontakt mit N. C. gehabt hatten, auch wenn nichts in den Gesprächen darauf hinweist, daß sie etwas von N. C.'s Mordplänen gewußt haben.

Die Punkte, die gegen Yusuf vorgebracht werden, sind genau so leicht aufzulösen, wie die gegen Delil und Ibrahim. Der Haftantrag gegen Yusuf wurde auch zurückgezogen, bevor er vor dem Gericht verhandelt werden mußte.

Genau wie beim Mord an Enver Ata in Uppsala gibt es

eine Möglichkeit, daß der Mord im Gemeindehaus vom Zentralkomitee der PKK befohlen oder inspiriert wurde und daß der Mörder N. C. die Mithilfe einer Person hatte, die in Schweden wohnt. Aber hierüber hat die Säpo oder die Stockholmer Polizei nichts ermitteln können, und in diesem Fall ist es noch unwahrscheinlicher zu glauben, daß eine solche Hilfe von den drei aktiven PKK-Sympathisanten gekommen ist, da der Mord ihren Interessen direkt entgegenwirkte und sie auch intensiv überwacht wurden.

Das Gericht kommt zu dem gleichen Schluß und setzt die drei Kurden am 27. Januar 1987 auf freien Fuß. Sechs Wochen später wird der Fall vom Amtsrichter Mikael af Geijerstam niedergelegt. Damit ist Hans Holmérs Plan, die drei Kurden zuerst zu Mördern an ihren eigenen Leuten und dann zu Mördern des Staatsministers zu machen, gescheitert.

18. Kapitel
Operation Alpha

Über ein halbes Jahr wurden beinahe alle Polizeikräfte in der Fahndung nach dem Mörder Olof Palmes auf eine Spur angesetzt, die aus einem zweifelhaften Waffentip ohne Verbindung zum Mord sowie einem daran anschließenden Räsonnement von Hans Holmér über die Motive bestand. Wie konnte es dazu kommen?

Während der Voruntersuchung gegen den „33jährigen", war Hans Holmér bereits von dessen Schuld überzeugt. Nachdem die Voruntersuchung niedergelegt wurde (was nur gegen den größten Widerstand Hans Holmérs geschehen konnte), war er ebenso schnell davon überzeugt, daß die PKK hinter dem Mord stecke. Schon am 22. Juli 1986, also fast sechs Monate bevor die große Razzia gegen die Kurden in Szene gesetzt wurde, tritt Holmérs Bannerträger Leif Hallberg in den Massenmedien mit der hoffnungsvollen Prophezeiung auf, daß „die Lösung sehr nahe sei". Die Polizei kenne, so vermelden am selben Tag die Zeitungen, sowohl das Mordmotiv als auch die Herkunft der Mordwaffe. Hans Holmér sei sich seiner Sache absolut sicher. Der Hintergrund für Hallbergs Äußerung ist ein vierseitiges Dokument, das bei einer Zusammenkunft der Fahndungsleitung fünf Tage zuvor, am 17. Juli 1986, vorgelegt wurde. Das Dokument ist eine Skizze über einen Handlungsplan, von Hans Holmér „Operation Alpha" genannt. Das Dokument wurde von Hans Holmér selbst unter den Anwesenden verteilt.

„Operation Alpha" ist eine Aktion in drei Stufen, die sich gegen die Kurden richtet, denen eine Verbindung zur

PKK unterstellt werden kann. Diese sollen zunächst intensiv überwacht werden, danach festgenommen und dann schonungslosen Verhören unterzogen werden. Die Zielgruppe ist groß: Hans Holmér hat anfangs beinahe 200 Kurden in ganz Schweden im Auge, stellt dann jedoch zunächst, das ist im September 1986, eine Liste mit 69 Namen zusammen, gegen die er vorgehen will. Darunter befindet sich eine Anzahl Kurden, von denen Holmér meint, sie seien in drei verschiedene Morde verwickelt: in den Mord an Enver Ata in Uppsala, den an Cetin Güngör in Stockholm und zuletzt den Mord an Olof Palme. Insgesamt ist dies ein Zug gegen „kurdische Terroristen" überhaupt, der dann auch zur Aufklärung des Mordes an Olof Palme führen soll.

Diese Dreistufenaktion wird unmittelbar nach diesem Treffen in die Tat umgesetzt. Die Überwachung einer Anzahl Kurden wird eingeleitet, und schon fünf Tage später wird von Hallberg die Direktive ausgegeben, den Massenmedien gegenüber zu behaupten, daß „die Lösung nahe bevorstehe".

Zu diesem Zeitpunkt, also Ende Juli, ist der Polizei bereits seit über zwei Monaten der „Seppo-Tip" bekannt, der über eine Beschaffung von zwei Revolvern Marke Smith & Wesson Auskunft gibt. Die Angaben sind inzwischen sorgfältig überprüft worden, konnten aber nicht bestätigt werden. Irgendwelche konkreten Hinweise, die auf die PKK hindeuten, hat Hans Holmér ebenfalls nicht. Das einzige, was Hans Holmér den angeblichen Waffenkauf mit den Kurden, „die Verbindungen zur PKK haben", verknüpfen läßt, ist der von 1984 stammende Terroristenbericht der Säpo. Dieser liefert ihm die gesamte theoretische Grundlage für seine „Hauptspur" und bestimmt die Auswahl der Personen, gegen die sich „Operation Alpha" richten soll. In diesem alten Terroristenbericht entdeckt Holmér auch die Motive für den Palme-

Mord: das bereits erwähnte Motiv der Rachsucht des PKK-Führers Abdullah Öcalan dafür, daß ihm die Einreise nach Schweden verweigert wurde, und das der Rache dafür, daß „Mitglieder" der Organisation von der schwedischen Regierung zu Terroristen gestempelt wurden.

In diesem Bericht findet Holmér auch die unterstellte Verbindung zwischen dem Empfänger der Waffenlieferung, dem 42jährigen Kurden, der wegen Rauschgiftvergehen verurteilt wurde, und der PKK.

Die Säpo hilft Hans Holmér, seine Theorie weiter auszubauen. Die von der Säpo abgeordneten Beamten, die mit in der Fahndungsleitung sitzen, legen in einem Fahndungs-Promemoria die vermutete Verwicklung der PKK in den Mord an Olof Palme dar: Zum einen habe diese Organissation die Kapazität dazu, das Attentat zu begehen, dann sei ihre negative Einstellung gegenüber der Leitfigur der schwedischen Gesellschaft nachweisbar, und sie habe vor allem konkrete Motive gehabt – alles Urteile, die die Säpo sich nicht scheut, aus ihrem zwei Jahre alten Terroristenbericht abzuleiten.

Abgesehen von der Tatsache, daß der Terroristenbericht in sich selbst ein Stück minderwertiger Polizeiarbeit darstellt, baut also auch Hans Holmér seine gesamte Theorie auf Angaben auf, die aus der Zeit vor dem Mord herstammen. Eines der grundlegenden Prinzipien jeder Mordermittlung, stets die Verbindungslinien zum Tatort herzustellen, wird zusätzlich völlig ignoriert.

Obwohl die „Hauptspur" nur eine Theorie ist, läßt Holmér seinen Adjunkten Hallberg sagen, die Lösung stehe nahe bevor. Daß diese Behauptung nicht auf faktischem Wissen beruht, wissen natürlich sowohl Hallberg als auch Holmér. Der Grund dafür, daß Hallberg seine Einschätzung mit solcher Sicherheit abgibt, liegt in der Anlage von „Operation Alpha": Hans Holmér legt vor der Durchführung der Aktion fest, welches Ergebnis die

Ermittlungen gegen die Kurden liefern sollen: Festnahme und Anklage der Kurden wegen Beihilfe zum Mord an Olof Palme. Er hat bereits jetzt schon entschieden, daß die Kurden schuldig sind.

Ende Juli 1986 wird „Operation Alpha" den Staatsanwälten bekanntgegeben, die sofort erkennen, daß es keinen Grund für die Anwendung von „Zwangsmitteln" gegen irgendeinen der aufgeführten Kurden gibt. Die Staatsanwaltschaft bezweifelt jedoch nicht den ersten Schritt von „Operation Alpha", das heißt die Ermittlungen gegen die Kurden einzuleiten. Sie meint, daß es tatsächlich sachliche Gründe für die Ermittlungen gibt. Hauptgrund ist der „Seppo-Tip", aber auch die Information, daß es in Schweden früher bereits Gewaltverbrechen im Umfeld der PKK gegeben hat. Die Staatsanwälte meinen aber, daß die „PKK-Spur" nur eine unter vielen anderen Fahndungsrichtungen ist. Weder zu diesem frühen noch zu einem späteren Zeitpunkt übernehmen die Staatsanwälte Holmérs Bezeichnung „Hauptspur".

In der ersten Augustwoche 1986 ordnet Hans Holmér eine große Versammlung von Ermittlungspersonal in den Räumen der Säpo im Polizeihaus auf Kungsholmen an. Rund hundert Personen sind anwesend, und Holmér präsentiert seine „Operation Alpha". Für ihn ist es ganz klar, daß eine Gruppe der PKK nahe stehender Kurden (in concreto Yusuf, Delil und der Anwalt Ibrahim) den Mord an Olof Palme geplant haben. Nun kann er auch den Zeitpunkt für den großen Schlag gegen die Kurden festlegen: Es soll zum Monatswechsel Oktober/November geschehen. Holmér hebt jedoch hervor, daß es sich hierbei noch um einen recht groben Plan handele.

Wer durch die „Operation Alpha" ergriffen werden soll, sind alle die Kurden, die irgendwie mit den drei Morden in Verbindung gebracht werden können. Holmér meint natürlich nicht, daß alle der rund 70 Kurden des

Verbrechens schuldig sind. Sein Gedanke ist dabei, so viele Verdächtige wie möglich zu ergreifen, um auf diese Weise mehr Anhaltspunkte zu bekommen. Der psychische Druck einer Verhaftung würde diese Menschen darüberhinaus zu weiteren Hinweisen zwingen. Den Schlag selbst hat er wie eine richtige militärische Operation geplant: in der Morgendämmerung sollen vollbewaffnete Polizei in ganz Schweden die aufgelisteten Kurden unangemeldet aufsuchen, verhaften und sofort nach Stockholm bringen. Wie dieser militärstrategische Angriffsplan in seiner Realisation aussah, zeigt mein Bericht über die Art, wie die Wohnungen von Yusuf, Delil und Ibrahim am Morgen des 20. Januar 1987 gestürmt wurden.

Die Planung von „Operation Alpha" veranlaßte später die Staatsanwältin Solveig Riberdahl zu der Äußerung: „Wir wollen hier in Schweden keine chilenischen Fußballstadien haben". Ein anderer Staatsanwalt kommentierte mir gegenüber, während ich an diesem Buch arbeitete: „Es war wie aus einem schlechten Agentenroman geholt."

Die Staatsanwälte protestierten vehement gegen die Methoden, mit der die Angaben über die Kurden beschafft werden. Der normale Rechtsweg, durch die Fahndung selbst erst Beweise zu ermitteln, die dann zu einer Festnahme führen können, werde hier in keiner Weise eingehalten. Im Gegenteil: Es werden Menschen verhaftet, um dann erst Beweise aus ihnen herauszupressen.

Nach dieser großen Versammlung bei der Säpo wurden die Fahndungen ernsthaft in Gang gesetzt. Fahndungen, die ganz von Holmérs Ansichten darüber geprägt waren, wie eine erfolgreiche Ermittlung auszusehen habe. Es war nicht die verdeckte indizienorientierte Ermittlung, sondern offene Schikane, um die Betroffenen dazu zu treiben, klein beizugeben und ihre Freunde zu denunzieren.

Was diese Methode für die betroffenen Kurden bedeutete, habe ich bereits berichtet. Auch andere, dem Kreis der Kurden nicht zugehörende Personen, wurden von der Polizei offen überwacht. Der 45jährige Finne, der nach Meinung der Polizei die Waffen an Seppo geliefert hatte, berichtete mir gegenüber, er sei oftmals in betrunkenem Zustand Auto gefahren, wobei die Fahnder, die ihm auf Schritt und Tritt folgten, seelenruhig zusahen, wie er zu seinem Auto wankte, und sie keinerlei Anstalten machten, seine äußerst bedenklichen Touren durch die Straßen Stockholms zu unterbinden. Die „Beobachtung" ging ja vor.

In den Monaten August und September lesen die vier Staatsanwälte nochmals alle bisher erstellten Ermittlungsakten, die mit den Kurden zu tun haben – den Bericht über die Morde von Uppsala und Stockholm, den Terroristenbericht und Unterlagen über andere Verbrechen. Anfang Oktober sind sie fertig. Sie konstatieren, daß die Ermittlungen gegen die Kurden und die Personen, die durch den „Seppo-Tip" in die Reihe der Verdächtigen gerieten, zu nichts führen. Ihnen wird vollkommen klar, daß es nicht einen einzigen wirklichen Verdachtsmoment gibt, der darauf hinweist, daß die PKK in den Mord an Olof Palme verwickelt ist; das heißt vor allen Dingen, daß die Verdächtigungen gegen Yusuf, Delil und Ibrahim völlig haltlos sind.

Bei einer Zusammenkunft der Fahndungsleitung Anfang Oktober legen die Staatsanwälte ihre schriftliche Beurteilung der „Hauptspur" vor. Lediglich dem Hinweis auf die Waffenlieferung soll weiter nachgegangen werden, im übrigen aber wird der Wert der Ermittlung gleich Null gesetzt. Obwohl Oberstaatsanwalt Claes Zeime anwesend ist, trägt Staatsanwältin Solveig Riberdahl die Stellungnahme vor. Sie nimmt während ihres Berichts Holmérs Richtung in der Fahndungsarbeit vollständig auseinander, doch als sie geendet hat, erhält sie keine einzige Reaktion von seiten der anwesenden Polizeioffiziere. Hans Holmér selbst kommentiert die Ansichten der Staatsanwälte mit einem „Nun ja" – die anderen schweigen. Es ist, als wäre nur eine Raupe über den Asphalt gekrochen – alles bleibt ganz ruhig.

Daraufhin hoffen die Staatsanwälte, daß wenigstens am folgenden Tag eine Diskussion entstehen würde, da die Mitglieder der Fahndungsleitung dann den schriftlichen Bericht vorliegen und die schlimme Botschaft verdaut haben würden. Aber auch an diesem Tag greift niemand die Sache mit einem einzigen Wort auf. Die Polizei macht weiter wie bisher – mit einer Ausnahme: die geplante Razzia Ende Oktober muß abgesagt werden, denn schließlich sind es ja die Staatsanwälte, die die Zwangsmaßnahmen gegen die Kurden genehmigen müssen, und da sie sich weigern, wird die zweite Stufe von „Operation Alpha" nicht eingeleitet.

Unter den Polizisten, die mit der Ermittlung betraut sind, gehen die Meinungen über die „Hauptspur" weit auseinander. Viele teilen die Ansichten der Staatsanwälte und wenden sich auch gegen die Anweisungen, nach denen sie Beweise gegen die Kurden beschaffen sollen. Denn diese widersprechen all dem, was sie bei ihrer Ausbildung gelernt haben.

Auch innerhalb der Säpo sind die Meinungen tief geteilt. Die Verfechter der „Hauptspur" sitzen in der Terrorabteilung, wo einzelne von ihnen ihr ganzes Renommee in den Kampf gegen die PKK investiert haben. In dieser Abteilung entstand auch der Terrorbericht, was bedeutet, daß einige erhoffen, sich zu profilieren, wenn sich herausstellen sollte, daß die von ihnen abgegebene Einschätzung über die Bedeutung der PKK als Terrororganisation und ihre Gefahr für Olof Palme richtig gewesen sein sollte. Bereits seit dem 1. März, dem Tag nach dem Mord, haben einzelne Säpoleute daran gearbeitet, die Kurden in die Reihe der Verdächtigen zu bringen. Einer von ihnen ist

Kriminalinspektor R. B. In den anderen Abteilungen der Säpo ist der Enthusiasmus bedeutend geringer. Schon im Oktober fertigt eine Anzahl erfahrener Säpobeamter die „Hauptspur" mit den Worten ab: „Das hier sind nicht unsere Leute" – das heißt so viel wie: in der PKK sind die Mörder Olof Palmes nicht zu suchen. Im November wird eine interne Konferenz der Säpo über den Stand der Ermittlungen anberaumt, bei der die Kritik am Führungsstil Hans Holmérs vehement vorgebracht wird. Eine Gruppe innerhalb der Säpo wendet sich besonders gegen Holmérs Anweisung, nur ganz bestimmten Spuren nachzugehen und andere beiseite zu lassen. Sie bemängeln auch, daß mit dieser Vorgehensweise die Ergebnisse der Fahndungen im voraus festgelegt würden.

Die Vertreter der Säpo in der Fahndungsleitung, unter anderem Bürochef P.-G. Näss, unterstützen jedoch Holmérs Vorgehen gegen die Kurden.

Nachdem die Staatsanwälte die „Hauptspur" im Oktober demontiert hatten, ist in der Fahndungsarbeit nichts Neues herausgekommen. Es kam einzig zu dem bereits erwähnten Schußwechsel in der Altstadt am Lucia-Abend, was Hans Holmér dazu veranlaßte, seine Beamten bei Delil eindringen und Bücher und Papiere von ihm mitnehmen zu lassen. Nicht einmal diese Beschlagnahme liefert neue Hinweise gegen die Kurden. Einige Tage zuvor tritt Hans Holmér im „Magazin" des 2. Fernsehprogramms auf und behauptet, daß er sich der „Hauptspur zu 95 Prozent sicher sei".

Zwischen den Staatsanwälten und der Fahndungsleitung ist die Lage vollkommen festgefahren. Die Staatsanwälte billigen keinen weiteren Eingriff gegen die Kurden und sagen öffentlich, daß sie Holmérs 95prozentige Sicherheit nicht teilen.

Am 12. Januar 1987 wird in den Diensträumen der Staatsanwaltschaft auf Kungsholmen zwischen Holmér und den Staatsanwälten ein richtiger Handel über die Zukunft der Hauptspur geführt. Holmér will den zweiten Schritt seiner militärischen „Operation Alpha" in Gang setzen und eine große Anzahl Kurden festnehmen. Die Staatsanwälte weisen dies zurück und akzeptieren nur, daß die Personen, von denen eine Verbindung mit dem Waffentip vermutet werden kann, festgenommen werden. Holmér drängt mit allem Nachdruck darauf, auch Yusuf, Delil und Ibrahim festnehmen zu dürfen. Da er einsieht, daß er die Staatsanwälte niemals von seinem Verdacht überzeugen kann, daß sie etwas mit dem Mord an Olof Palme zu tun haben, wählt er eine andere Taktik. Er beantragt nun, die drei der Beihilfe am Mord an Cetin Güngör im Gemeindehaus am 2. November 1985 anzuklagen.

Auch dieser Versuch scheitert am Widerstand der Staatsanwälte. Sie weisen darauf hin, daß es sowohl falsch als auch für die Emittlungen erschwerend wäre, wenn die beiden Mordfälle miteinander verquickt würden. Auch wenn es bestimmte Verdachtsmomente gegen die drei in dem Mordfall an Cetin Güngor gebe, weise dies jedoch in keiner Weise auf eine Verbindung zum Mord an Olof Palme hin.

Holmér bringt nun sein stärkstes Argument vor, um seinen Willen durchzusetzen: „Wir dürfen nichts verpassen, wenn wir die Leute, die im Zusammenhang mit der Waffenlieferung stehen, wirklich ergreifen wollen." Zum Schluß geben die Staatsanwälte nach und schließen mit ihrem Gewissen einen Kompromiß. Sie geben insofern nach, als daß sie Yusuf, Delil und Ibrahim wegen des Verdachts der Beihilfe am Mord an Cetin Güngör anklagen. Der Anklagebeschluß wird formell am 13. und 14. Januar 1987 gefaßt. Die Staatsanwälte weisen jedoch alle anderen Anträge auf Festnahme zurück, außer denjenigen, die aufgrund des Tips über die Waffenlieferung zustandegekommen sind.

Dadurch kommt also nur ein recht beschränkter Fischzug zustande, den Hans Holmér am 20. Januar 1987 veranstaltet. Aber das wenige, das von seinem großangelegten Operationsplan übrigbleibt, wird mit Pauken und Trompeten durchgeführt. Mit gezogenen, entsicherten Waffen stürmen jeweils rund 15 Polizisten die Wohnungen der kurdischen Familien und verschrecken die Kinder derart, daß zumindest in einer Familie diese noch immer nachweislich an psychischen Nachwirkungen leiden. Überall in Stockholm werden an den öffentlichen Gebäuden bewaffnete Polizisten postiert. Alle sollen es merken, wenn der kleine Napoleon von Kungsholmen ins Feld zieht.

Schon am selben Tag werden alle Personen, die im Zusammenhang mit dem Waffentip festgenommen wurden, wieder freigelassen. Seppo ändert seine Angaben immer wieder, und das ganze reicht nicht einmal für den Verdacht auf ungesetzlichen Waffenbesitz aus. Die Staatsanwälte verhindern alle Versuche, Yusuf, Delil und Ibrahim zum Mord an Olof Palme zu verhören, da es nicht einen einzigen realen Verdacht gegen sie gibt. Sie werden jedoch sieben Tage lang wegen des Mordes an Cetin Güngör festgehalten. Aber die alten Anklagen, die die Säpo gegen sie zusammengezimmert hatte, reichen nicht aus, sie vor Gericht zu bringen.

Bis zuletzt versucht Hans Holmér, die drei des Palme-Mordes verdächtig zu machen – was ja sein eigentlicher Beweggrund war, den Mordfall Güngör in die Ermittlungen einzubeziehen. Zwei oder drei Tage nach den Festnahmen erhält ein kurdischer Medizinstudent in Uppsala Besuch von zwei Polizisten, die angeben, sie kämen von der Stockholmer Kriminalpolizei. Sie wollen Angaben über bestimmte, ihnen namentlich bekannte Kurden haben. Der Medizinstudent sagt, daß er natürlich der Polizei helfen würde, wenn es sich um verbrecherische Handlungen handele, die diese begangen haben sollen. Aber die Polizisten sind mit dem, was der Mann nun zu berichten hat, nicht zufrieden. Sie wollen andere Angaben, und zum Schluß sagen die Polizisten frei heraus, daß sie bereit seien, dafür zu zahlen.

Der kurdische Medizinstudent begreift, daß die Polizisten ihn dazu auffordern möchten, gegen Bezahlung zu lügen. Er soll vor allem Delil belasten, den er persönlich kennt. Der Medizinstudent fühlt sich auf das Unerhörteste beleidigt und wird zornig. Empört holt er das Bild eines Freundes hervor, der bei einem Massaker in Kurdistan umgebracht wurde (er selbst überlebte dieses nur schwer verwundet), zeigt es den Polizisten und sagt: „Niemals werde ich mein Volk für Geld verraten!"

Die Polizisten müssen unverrichteter Dinge gehen. Yusuf, Delil und Ibrahim werden freigelassen.

19. Kapitel
Nachspiel

Nach dem mißlungenen Versuch, den Mord am Staatsminister den Kurden in die Schuhe zu schieben, bricht die
Fahndung unter Hans Holmérs Leitung völlig zusammen.
Aber trotz des totalen Fiaskos will Holmér auf derselben
Linie fortfahren. Er fordert nun von den Staatsanwälten,
einer Teilung der Leitung in den Ermittlungen zuzustim-
men. Holmér will, daß die Polizei die Leitung der Voruntersuchung gegen die Personen, die vom Waffentip betrof-
fen sind, übernimmt – eine Fahndungsrichtung, in der er
selbst weiter ermitteln will, obwohl die Festgenommenen
wieder freigelassen worden sind. Die Staatsanwälte sollen
dagegen die Voruntersuchung in den anderen Fahndungsrichtungen leiten.

Wenn dieser Versuch geglückt wäre, wären die Schikanen gegen die Kurden genau so fortgesetzt worden, wie
vor der Razzia am 20. Januar 1987, da Holmér nach wie
vor überzeugt ist, daß die PKK und der Waffentip zusam-
mengehören. Die Voruntersuchung gegen die Personen im
Waffentip zu leiten war in der Praxis das gleiche wie auf
der „Hauptspur" weiterzumachen. Und die Staatsanwälte
die Voruntersuchung über „alle anderen Fahndungsrichtungen" leiten zu lassen, hätte bedeutet, daß sie von der
eigentlichen Ermittlung vollkommen abgekoppelt worden
wären, da die Staatsanwaltschaft nicht das Recht hat, Polizisten anzuordnen, bestimmte Ermittlungsarbeiten auszuführen. Diese Macht liegt ganz allein bei der Polizeibehörde, obwohl ein Staatsanwalt formell der Leiter der
Voruntersuchung ist. Dies ist eine Lücke im Gesetz, die

Holmér während des ganzen Jahres, in dem er die polizeiliche Ermittlung im Palme-Mord leitete, ausnutzte.

Die Staatsanwälte weigerten sich natürlich. Die Polizei die Leitung in einer Voruntersuchung übernehmen zu lassen, in der es namentlich angeführte Verdächtige gab, hätte dem Gesetz widersprochen. Es hätte ein gefährliches Präjudiz geschaffen, das die Macht im Staatsapparat zugunsten der Polizeibehörde verschoben hätte. Die Lage zwischen Polizei und Staatsanwaltschaft wurde aufs äußerste gespannt, und die gesamte Ermittlungsarbeit brach zusammen. Die Regierung sah sich nun gezwungen einzugreifen. Eine rege Diskussion unter der Leitung vom Staatsminister Ingvar Carlsson begann, die zum Ziel hatte, eine akzeptable Verhandlungslösung herbeizuführen.

Allein der Gedanke, daß die Leitung einer Voruntersuchung eine verhandelbare Sache ist, veranlaßte einen der vier leitenden Staatsanwälte, Bo Josephson, seine Mitarbeit an den Ermittlungen unter Protest einzustellen. Die Verhandlungen endeten schließlich damit, daß die Staatsanwälte sich durchsetzen konnten und nun wieder dem Gesetz entsprechend gehandelt werden konnte. Die Staatsanwälte haben jetzt jedoch genug von Hans Holmérs Ranküne und fordern seine Ablösung. Um Holmér nicht direkt zu überfahren, vermittelt die Regierung in dieser Frage eine Kompromißlösung, die darauf hinausläuft, daß der Reichspolizeichef, Holger Romander, von Hans Holmér die formelle Leitung der Polizeiarbeit übernimmt und daß zugleich der Oberstaatsanwalt Claes Zeime die Leitung der Voruntersuchung dem Reichsstaatsanwalt Magnus Sjöberg überläßt. Die gesamte Ermittlungsarbeit im Palme-Mord wird also um eine weitere Stufe in der Polizei- bzw. Staatsanwaltschaftshierarchie nach oben gesetzt. Die Regierung rettet auch einen Platz ihres früheren Favoriten Hans Holmér in den Ermittlungen dadurch, daß sie ihm eine Stabsfunktion als Ratgeber in der Ermittlungskommission zusammen mit dem Chef der Reichskriminalpolizei Tommy Lindström und dem stellvertretenden Chef der Säpo, P.-G. Näss, zuweist.

Dieser Stab wird jedoch von der neuen Fahndungsleitung niemals herangezogen. Hans Holmér ist damit faktisch aufs Altenteil gesetzt. In einem letzten Versuch, die Macht in der Ermittlungsarbeit wieder an sich zu reißen, wird Hans Holmér am 5. März 1987 beim Staatsminister Ingvar Carlsson vorstellig (und nicht bei seinem direkten Vorgesetzten, Justizminister Sten Wickbom) und bittet, von seinem Dienst als Bezirkspolizeichef abgelöst zu werden. Hans Holmér nimmt dabei anscheinend an, der Staatsminister werde ihn bitten, doch auf seinem Posten zu bleiben, aber er hat nun seine Schuldigkeit getan, er darf gehen.

Ihm wird nur noch gestattet, seine Leibwächter den Sommer 1987 über zu behalten. Die Begründung hierfür ist, daß Holmér sich von der PKK bedroht fühlt, womit es ihm gelingt, seine alte Kurdentheorie weiter herumgeistern zu lassen, nachdem sie seit über einem halben Jahr tot und begraben schien.

Vier Monate nach der Razzia gegen die Kurden bekommt auch der Kurdenjäger der Säpo angesichts einer möglichen Kritik an seiner Rolle in den Ermittlungen kalte Füße. Krister Hansén, der Kommissar der Terroristenabteilung in der Säpo, läßt mitteilen, die PKK sei nicht länger als Terrororganisation einzustufen und man erwarte nicht, daß es zu weiteren Anschlägen in Schweden kommen werde. Dieser „Freispruch" der PKK umfaßt jedoch nicht die neun Kurden, die man bereits als Terroristen abgestempelt hatte. Die Säpo denkt nicht im entferntesten daran, der schwedischen Regierung zu empfehlen, deren Kommunalarrest und Ausweisungsandrohung aufzuheben.

Doch die eigenen Mitarbeiter der Säpo werden anscheinend nicht richtig von der neuen Direktive unterrichtet, denn noch nach Krister Hanséns Kursänderung wird Yusuf erneut zur Säpo gerufen. Man teilt ihm dort mit, es gebe „sichere Anhaltspunkte" darüber, daß er von der PKK ermordet werden solle. Veranlassung dazu soll sein, daß Yusuf Enhüllungen über die Rolle der PKK im Mord an Olof Palme gemacht habe und er dafür „hingerichtet" werden solle. Sie, die Säpo, biete ihm jedoch ihren Schutz an.

Yusuf weist diese absurden Behauptungen zurück und sagt, daß er keinen Schutz benötige. Da beginnen die Säpobeamten ihn zu zwingen, ein Papier zu unterschreiben, daß er den Schutz der Säpo ablehne, und sie lassen ihn nicht eher das Polizeirevier verlassen, bis er das Papier unterschrieben hat. Als Yusufs Anwalt Bengt Söderström die Säpo kontaktiert, um eine Erklärung über dieses gesetzwidrige Verfahren zu fordern, bekräftigen die beiden Säpobeamten Ann-Marie Hedström und Kent Robèrt diese Angaben. Der Schutz, den die Säpo Yusuf vor „den Mördern aus den Reihen PKK" angeblich zu geben bereit war, bestand in Wahrheit nur darin, die Hinweise entgegenzunehmen, die Yusuf über seine Landsleute liefern würde.

Die Schikanen gegen Yusuf, seine Frau und die vier Kinder werden fortgesetzt. Mir gegenüber sagt Yusuf, die Säpo habe ihm das Leben geraubt.

IV
Die sabotierte Fahndung

20. Kapitel
Andere Spuren

Obwohl ein sehr großer Teil der Polizeikräfte während der Zeit, da Hans Holmér die Ermittlungen im Mord an Olof Palme leitete, zunächst auf den „33jährigen" und dann auf die Kurden angesetzt wurden, fahndete die Polizei auch in einige andere Richtungen. Einigen Spuren schenkte die Polizei selbst ihre Aufmerksamkeit, andere wurden von den Massenmedien entdeckt und fanden deshalb Eingang in die Ermittlungen. In den Massenmedien wurden jedoch oft die Spuren verschiedenen Typs durcheinander gebracht; solche, die im tatsächlichen Zusammenhang mit Beobachtungen am Tatort standen, und solche Spuren, die sich einfach nur auf theoretisch denkbare Motive gründen. Ein Beispiel für die erstgenannten ist die sogenannte „Polizei-Spur", ein Beispiel für die zweiten ist die „Iran/Irak-Spur". Ich werde einige dieser anderen Spuren darstellen.

Ein Ereignis, das schon in ein sehr frühes Stadium der Ermittlungen fiel, war eine Beobachtung, die auf der Birger Jarlsgatan 500 Meter vom Mordplatz entfernt und sechs bis sieben Minuten nach dem Mord gemacht wurde. Einem Fernsehproduzenten fiel eine Person auf, die einen Bus bestieg, einen Augenblick auf den Stufen des Einstiegs verharrte und dann wieder absprang. Der Fernsehproduzent gab seine Beobachtung ein paar Tage nach dem Mord an die Polizei weiter, da er meinte, daß das merkwürdige Verhalten des Mannes etwas mit der Tat zu tun haben könnte und Zeitpunkt und Ort dem möglichen Fluchtweg des Mörders entsprachen.

Der Fernsehproduzent verband diese Beobachtung mit

einer Information, die er einige Tage nach dem Mord erhielt. In einem Gespräch anonymer Polizisten mit der Zeitung „Expressen" wurde eine Gruppe besonders gewalttätiger Polizisten erwähnt, die früher im Stockholmer Polizeibezirk Norrmalm Dienst tat, und die von ihnen als potenzielle Mörder Olof Palmes bezeichnet wurden. Dem Fernsehproduzenten gelang es daraufhin, einen aus der bezeichneten Gruppe zu sehen, und meint, in ihm den Mann aus dem Bus am Mordabend wiederzuerkennen.

Kriminalinspektor J. S. von der Säpo geht dem Hinweis des Fernsehproduzenten nach, kommt allerdings nicht zu greifbaren Ergebnissen. Der beschuldigte Polizist gibt an, er sei am fraglichen Abend bei seiner Verlobten zu Hause gewesen. Im September 1986, rund ein halbes Jahr nach dem Mord, wird die weitere Verfolgung dieser Spur aufgrund eines Beschlusses des Oberstaatsanwalts Claes Zeime ausgesetzt.

Im Spätwinter 1986 werden zwei andere Beobachtungen bekannt, denen zufolge Polizisten vor dem Mord in der Nähe des Mordplatzes gesehen wurden. In beiden Fällen berichten die Zeugen, was sie gesehen haben. Die Ermittler scheren sich jedoch nicht darum.

Die eine Beobachtung wird von einer Frau aus ihrer Wohnung in der Drottninggatan gemacht, vier Häuserblocks vom Tatort entfernt. Vor ihrem Fenster sieht sie ein Polizeiauto mit einem einzelnen Polizisten darin. Die Frau findet es erstaunlich, daß der Polizist allein im Auto sitzt. Das ist ihr vorher in Stockholm noch nie aufgefallen. Sie bemerkt eine vierziffrige Nummer auf der Innenseite des im Wageninnern angebrachten Rückspiegels, eine Nummer, die mit der Sprechfunknummer des Autos übereinstimmmt. Der Polizist hat ein Bein und den Kopf aus der geöffneten Fahrertür hinausgestreckt. In der Hand hält er ein tragbares Sprechfunkgerät, und die Frau meint, die

Worte zu hören: „Aha, dort drüben", bevor der Polizist die Autotür zuschlägt und schnell, vom Tatort aus gesehen, in *entgegengesetzter* Richtung davonfährt. Die Frau beobachtet dies ungefähr um 23.15 Uhr am Mordabend, also rund fünf Minuten vor dem Mord.

Diese Zeugenaussage wird von der Polizei erst dann nachgegangen, als der „Kanal" des 1. Radioprogramms sie aufgreift. Es wird eine große Vorführung verschiedener Polizeiautos inszeniert, um zu ermitteln, welches Auto die Frau gesehen hat. Sie glaubt, daß es sich um einen fünftürigen Saab 900 gehandelt habe. Nach den Streifenplänen der Polizei soll sich zu diesem Zeitpunkt kein Polizeiauto an dem Ort aufgehalten haben, und das Polizeiauto, das die Frau gesehen zu haben meint, wird niemals gefunden.

Eine andere Frau beobachtete zwei Männer, die bei einem Auto mit laufendem Motor in der Johannesgatan standen, einer kleinen Seitenstraße ein paar Häuserblocks vom Tatort entfernt, und auf etwas zu warten schienen. Diese Beobachtung wurde zwischen 22.50 Uhr und 23.10 Uhr in der Mordnacht gemacht. Unmittelbar darauf kam ein äußerst langsam fahrendes Polizeiauto vorbei. Obwohl die Frau diese Beobachtung der Polizei mitteilte, hörte sie von den Ermittlungsbeamten nichts mehr. Auch dieses Auto ist nicht in den Streifenplänen der Polizei für diesen Abend aufgeführt. Diesem Hinweis wird erst nachgegangen, nachdem die Zeugenaussage von den Massenmedien aufgegriffen wurde. Es besteht offensichtlich kein Interesse bei der Polizei, Beobachtungen nachzugehen, die mit nichtregistrierten Polizeiaktivitäten in der Mordnacht zu tun haben.

Einer Spur, der größere Aufmerksamkeit geschenkt wurde, war die sogenannte „Bulgarenbande", eine Anzahl bulgarischer Einwanderer mit krimineller Vergangenheit, die in Stockholm und in Malmö wohnen.

Die Bulgaren werden auf zwei Wegen in die Ermittlungen verwickelt: Einer der Bulgaren aus Malmö behauptet, er wisse, wie die Mordwaffe nach Schweden geliefert worden sei, der Empfänger solle ein namentlich benannter Exilungar sein. Mehrere Personen werden zum Verhör geholt, aber die Untersuchungen der Polizei führen zu keiner Klarheit über die Herkunft der Mordwaffe.

Der andere Hinweis, der die Polizei zur „Bulgarenbande" führt, ist die Tatsache, daß die Namen von zwei Bulgaren aus Stockholm im sehr umfangreichen Telefonbuch des „33jährigen" verzeichnet sind. Während der Ermittlungen gegen den „33jährigen" hofft die Polizei, daß sich einer der Bulgaren als Waffenlieferant der Mordwaffe an den „33jährigen" erweisen würde. Bei einer Hausdurchsuchung bei diesem Bulgaren entdeckt die Polizei auch tatsächlich Waffen, aber es handelt sich um eine Tränengaspistole und eine kleinkalibrige Handfeuerwaffe. Der Bulgare wird später wegen ungesetzlichen Waffenbesitzes verurteilt, aber eine Verbindung zum Mord an Olof Palme kann nicht nachgewiesen werden.

Im Zusammenhang mit den Ermittlungen gegen den „33jährigen" verwendet die Polizei auch relativ große Mühe darauf, die rechtsextremistische Europäische Arbeiterpartei, EAP, zu untersuchen. Vom „33jährigen" wird behauptet, er sei ihr Mitglied (ein Verdacht, der wahrscheinlich nicht stimmt, wie in einem früheren Kapitel gezeigt werden konnte). Aber da die EAP eine wahre Hetzkampagne gegen Olof Palme durchführte, ist schon deshalb die Organisation ein Fahndungsziel für die Polizei, sei es nun mit oder ohne den „33jährigen". Nach Holmérs Abgang wird daher der EAP besonders große Aufmerksamkeit geschenkt, unter anderem schickt die Fahndungsleitung zwei Beamte der Reichskriminalpolizei, K. R. und R. S., im Frühjahr sechs Wochen lang in die USA, um die Resultate einer großen FBI-Razzia gegen die amerikanische Mutterorganisation der EAP zu studieren.

Aber auch diese Arbeit führt die Ermittler nicht näher an den Mörder heran. Das ist deshalb nicht verwunderlich, weil die „EAP-Spur" sich nur auf ein denkbares Motiv gründet, nicht auf tatsächlichen Beobachtungen, die mit dem Mord in Verbindung gebracht werden könnten.

Auch gegen andere rechtsextremistische Gruppen und Individuen wird in dieser Zeit ermittelt. Auf eine Spur zu solchen Kreisen, die weitgehend unverfolgt blieb, werde ich im letzten Kapitel des Buches näher eingehen.

Derselbe Ausgangspunkt, also ein mögliches Tatmotiv, führte zur „Iran/Irak-Spur". Sie war aber eher ein Ansatzpunkt der Massenmedien als der Polizei. Olof Palme war der Vermittler der UNO im Krieg zwischen Iran und Irak. Deshalb nahm man an, daß die eine oder andere Seite ihn hinreichend unbequem fand, um ihn aus dem Weg zu räumen. Der schwedische Waffenproduzent Bofors hatte Sprengstoff und wahrscheinlich auch Waffen vor allem an den Iran geliefert. Als die „Bofors-Affäre" schließlich soviel Staub aufwirbelte, daß sich auch die Öffentlichkeit dafür interessierte, was den unermüdlichen Nachforschungen der schwedischen Friedensorganisation „Svenska Freds- och Skiljedomsföreningen" zu verdanken war, fand die Diskussion weitere Nahrung.

Die Rolle der Regierung in dieser Affäre ist noch immer nicht hinreichend geklärt, und vielleicht verbirgt sich dahinter tatsächlich ein Mordmotiv. Die schwedische Regierung hatte schließlich den Waffenschmuggel erschwert, indem sie eine Untersuchung darüber in Gang setzte. Das kann vielleicht das Interesse des Irans geweckt haben, Palme aus dem Weg zu räumen, oder einem anderen Interessenten ein Mordmotiv gegeben haben.

Als der Kriegsmaterialinspekteur Carl-Fredrik Algernon im Januar 1987 vor einen heranfahrenden U-Bahnzug stürzte, vervollständigte sich das Bild einer blutigen „Iran/Irak-Spur". Aber die Verbindung mit dem Mord an Olof

Palme ist nur eine Hypothese, einen konkreten Hinweis auf die Tat selbst gibt es nicht.

Die Untersuchung der privaten Verhältnisse Olof Palmes nahm die Polizei sehr zögernd in Angriff, obwohl private Motive hinter den meisten Morden in Schweden stecken. Es dauerte lange, bis Lisbet Palme von der Polizei vernommen wurde. Diese Verzögerung wurde mit „Rücksichtnahme auf die Witwe" begründet. Als sie schließlich doch vernommen wird, geschieht dies durch Hans Holmér selbst. Er beschrieb die Vernehmung später so, daß er meist dagesessen und zugehört habe, ohne selbst besonders viele Fragen zu stellen.

Eine besondere Veranlassung für die Polizei, gegenüber Lisbet Palme anders zu handeln als gegenüber der Witwe irgendeines anderen Mordopfers gibt es natürlich nicht. Schließlich trauert auch sie um ihren Mann und nicht um den ermordeten Staatsminister. Aus politischen Gründen eine spezielle Rücksichtsnahme auszuüben, ist unverständlich. Lisbet Palme hätte also schnell und sorgfältig vernommen werden müssen, da sie die persönlichen Verhältnisse Olof Palmes am besten kannte, über seinen Tagesablauf vor dem Abend Bescheid wußte, und auch die nächste Zeugin am Mordplatz war. Eine sorgfältige Untersuchung der von Olof Palme hinterlassenen Papiere und Aufzeichnungen ist auch nicht durchgeführt worden.

Einem Vorfall, der Olof Palmes private Angelegenheiten berührt, ist aber doch nachgegangen worden: der sogenannten „Harvardaffäre". Olof Palme hatte dem Finanzamt nicht mitgeteilt, daß er auf das übliche Vortragshonorar der amerikanischen Universität Harvard verzichtete, als sein ältester Sohn das Studium an dieser Universität aufnahm. Die Finanzbehörden in Stockholm nahmen daraufhin an, Olof Palme habe das Vortragshonorar mit der Studiengebühr des Sohnes verrechnet und beurteilten dies als Steuerhinterziehung. Olof Palme legte bei der nächsthöheren Instanz Widerspruch dagegen ein, was natürlich für ihn eine peinliche Angelegenheit war. Der letzte Tag, an dem er gegen den Beschluß Beschwerde einlegen konnte, war der 28. Februar 1986, derselbe Tag, an dem er ermordet wurde. Palme reichte die Beschwerde rechtzeitig ein, aber am 28. Februar nach sechs Uhr abends wurden die Originalakten aus den Räumen des Bezirksgerichts in Stockholm gestohlen. Zugleich wurden die EDV-Daten über diesen Vorgang gelöscht; es muß also die Tat einer eingeweihten Person gewesen sein. Irgendeine andere Erklärung als daß jemand Olof Palme dadurch schaden wollte, daß er dessen Beschwerde gegen den Beschluß der Finanzbehörde verhindern wollte, ist kaum anzunehmen.

Es gelang der Polizei nicht, den oder die Täter zu ermitteln, da aber die Räume verschlossen waren, und nur wenige Außenstehende in der Lage waren, an die EDV-Daten des Bezirksgerichts heranzukommen, glaubt man, daß es sich um einen Angestellten des Bezirksgerichts gehandelt haben muß.

Da es Kopien der Originalakten gibt, konnte bestätigt werden, daß Olof Palme rechtzeitig gegen den Beschluß der Finanzbehörden Widerspruch eingelegt hatte. Die Entscheidung des Bezirksgerichts fiel später zugunsten des inzwischen ermordeten Olof Palme aus.

Dies sind Beispiele von Spuren, denen die ermittelnden Beamten unter der Ägide Hans Holmérs nicht weiter nachgingen. Nachdem Hans Holmér die Fahndungsleitung abgegeben hatte, war die Polizei und die Staatsanwaltschaft gezwungen, eine Bestandsaufnahme zu machen. Ungeheuerlich viel Zeit war mit bedeutungslosen Recherchen verschwendet worden. Und jetzt erst konnte sich die Ansicht der beiden noch verbliebenen Staatsanwälte Solveig Riberdahl und Anders Helin durchsetzen, wie die Fahndungsarbeit fortgesetzt werden sollte. Die beiden gingen dabei davon aus, die Arbeit auf die wirklichen Beobachtungen und Ereignisse am Tatort zu konzentrieren. Das jeder Wirklichkeit enthobene Theoriegebäude, das Hans Holmér errichtet hatte, wurde nun rasch niedergerissen. Die Ermittlungen bewegten sich nun wieder auf dem Boden der Tatsachen. Die Polizei mußte mit einem großen Teil der Arbeit von vorne anfangen – allerdings mit dem kleinen Unterschied, daß der Mörder jetzt fast ein Jahr Vorsprung hatte und nicht mehr nur die zwölf Stunden, als Hans Holmér sich selbst an die Spitze der Ermittlungen setzte.

Eine Knochenarbeit, die die Polizei nun zu bewältigen hatte, war die Überprüfung der 35.000 inzwischen eingegangenen Hinweise. Ein Teil davon war schon zu Holmérs Zeiten erledigt worden, aber da die Ermittlungskräfte in großem Maße auf die „Hauptspur" gelenkt worden waren, blieb das meiste noch zu tun. Diese Arbeit bestand in der Hauptsache aus einer „negativen" Auswahl, bei der man wertlose Hinweise auszusortieren versuchte, um den Berg der übrigbleibenden Zeugenaussagen zu vermindern. Aber die Kontrolle der Hinweise geschah auch in der Hoffnung, neue Spuren zu entdecken, die die Ermittlungen voranbringen könnten.

Schon bald wurden Ermittlungen gegen eine rechtsextremistische religiöse Gruppe eingeleitet. Als diese Arbeit hier Anfang September 1987 niedergeschrieben wurde, dauerten diese Ermittlungen noch an.

21. Kapitel
Der „Grand-Mann"

Unter den konkreten Fahndungsspuren, die sich die Staatsanwälte unmittelbar, nachdem die Ermittlungsarbeit wieder in Gang gekommen sind, vornehmen, befindet sich die des sogenannten „Grand-Mann". Es handelt sich hierbei um eine männliche Person, die zunächst vor dem Kino „Grand" stand und dann Olof und Lisbet Palme gefolgt sein soll.

Was über den „Grand-Mann" bisher feststeht, ist folgendes: Es ist eine Person, die vor dem Kino wartete und das herausströmende Publikum beobachtete, als die Abendvorstelllung, die das Ehepaar Palme besucht hatte, zu Ende war. Sein Verhalten wich so von dem der Menge ab, das es ein halbes Dutzend verschiedener Personen veranlaßte, ihn zur Kenntnis zu nehmen.

Mehrere Beobachtungen sind dann über einen Mann gemacht worden, der dem Ehepaar Palme auf dem Sveavägen in Richtung Süden folgte. Olof Palmes Sohn Mårten ist einer dieser Zeugen. Mårten Palme sieht eine Person, die vor einem Buchladen auf dem Sveavägen unmittelbar südlich vom Kino „Grand" wartet und Olof und Lisbet folgt, nachdem diese sich von dem Sohn und dessen Freundin an der Kreuzung Sveavägen/Kammakargatan getrennt haben. Mårtens Beschreibung des Mannes lautet wie folgt: circa 1,80 Meter groß, ungefähr 40 Jahre alt, kräftige Statur und geht mit nach vorn gebeugtem Körper. Er trägt eine Sportmütze und eine blaue, vermutlich lange Daunenjacke. Der Mann hat dünne Lippen und trägt wahrscheinlich eine Brille mit Metallrahmen. Ein anderer Zeuge, A., sieht diesen Mann kurz danach. Zeuge A. erzählt mir, daß der Mann dem Ehepaar Palme in zehn bis fünfzehn Metern Abstand gefolgt sei und daß er die Hand vor sein Gesicht gehalten habe, als er an A. vorbeiging. A. gibt an, daß der Mann eher über als unter 1,80 Meter groß war, breite Schultern und einen wiegenden Gang hatte. Er trug einen halblangen, dunklen Mantel. A. glaubt, der Mann habe aschblondes Haar gehabt, ist sich dessen aber nicht sicher.

Etwas südlich vom Sveavägen wird der Mann von dem Zeugen N. beobachtet. Unmittelbar bevor das Ehepaar Palme den Sveavägen in Höhe der Adolf Fredriks kyrkogata überquert. N. sieht einen Mann im Alter von 30–40 Jahren, rund 1,80 Meter groß. Der Mann trägt eine Jacke, die grün oder grau ist und bis zu den Knien reicht. Der Mann geht schwerfällig und wirkt ungepflegt. N. fügt hinzu, er sei eine „typisch schwedische" Erscheinung gewesen.

Das Gemeinsame in den Beobachtungen von Mårten Palme, dem Zeugen A. und dem Zeugen N. über diesen Mann, der Olof und Lisbet Palme rund einen Häuserblock vom Kino aus folgte, ist seine besondere Art zu gehen: schwerfällig, wiegend, nach vorn gebeugt. Diese Beschreibung entspricht einem Teil der Zeugenaussagen über den fliehenden Mörder: eine Person, die davon trottet. Die Angaben über den langen Mantel oder die Jacke des „Grand-Mannes" stimmen auch mit den Beobachtungen über den Mörder überein. Dasselbe trifft auf das Alter zu: 30–40 Jahre, und die Körpergröße, ungefähr 1,80 Meter.

Zugleich gibt es aber auch wesentliche Unterschiede in den Beschreibungen des „Grand-Mannes" und des Mörders. Der „Grand-Mann" kann helles Haar gehabt haben, während der Mörder dunkelhaarig gewesen sein soll. Mårten Palmes Beobachtung, daß der „Grand-Mann" eine Sportmütze trug, wiederholt sich zwar in ein paar Zeugenaussagen über den Mörder, aber die Angaben über eine gestrickte Mütze sind bedeutend sicherer. Auch hat niemand sonst den Mörder eine Brille tragen sehen.

Zu diesen Beobachtungen kommen Hinweise über einen Mann hinzu, der vor dem Kino „Grand" gegen 21.15 Uhr gesehen wurde, kurz bevor die Kinovorstellung begann. All diese von verschiedenen Zeugen stammenden Beobachtungen – von denen, die ihn um 23.00 Uhr vor dem Kino haben warten sehen, von denen, die ihn das Ehepaar Palme haben verfolgen sehen und denen, die ihn vor der Vorstellung sahen – widersprechen einander nicht direkt. Die Unterschiede, die es gibt, können mit Irrtümern bei der Erinnerung und falschen Wahrnehmungen in der Dunkelheit erklärt werden. Der „Grand-Mann" kann identisch sein mit der Person, die um 23.21 Uhr an der Kreuzung Sveavägen/Tunnelgatan Olof Palme erschoß und Lisbet Palme verletzte. Die Angaben über den „Grand-Mann" sind in den Ermittlungen nach dem Mörder von doppelter Bedeutung: Wenn er mit dem Mörder identisch ist, zeigen die Beobachtungen, daß der Täter auf Olof und Lisbet Palme vor dem Kino gewartet hat (eine Annahme, auf die man schon aufgrund logischer Schlüsse frühzeitig kam, und die auch von den Beobachtungen des Zeugen Martin gestützt wird). Gleichzeitig geben die Beobachtungen einen Hinweis darauf, wie sich der Mörder *vor* dem Mord benahm. Die andere Bedeutung des „Grand-Mannes" ist, daß die Polizei eine bessere Beschreibung des Täters hat, da die Zeugenaussagen vom Tatort sehr widersprüchlich hinsichtlich seines Aussehens sind.

Aber trotz des großen Arbeitsaufwandes ist die Polizei dem unbekannten Mann vor dem Kino „Grand" nicht viel näher gekommen. Es ist ihr nicht gelungen, zweifelsfrei seine Identität mit dem Mörder festzustellen. Er ist ebenso verschwunden wie der Mörder selbst.

22. Kapitel
Die Jagd nach dem Mörder und die Macht

Die meisten Personen, die während der Arbeit an diesem Buch meine Quellen für die Darstellung der Ermittlungen im Mord an Olof Palme waren, haben am Schluß des Gespräches die Frage gestellt: „Wollte Hans Holmér überhaupt den Mörder finden?" Und gaben sich selbst die Antwort darauf: „Ich glaube nicht!" Auf meine Gegenfrage: „Warum sollte er das nicht gewollt haben?" waren sie oft noch ratloser als vorher.

Wenn man auf diese zweifellos erschreckenden Fragen eine Antwort erhalten will, reichen allgemeine Beurteilungen der Fahndungsarbeit unter Hans Holmérs Leitung nicht aus. Will man wirklich herausfinden, ob Holmér den Mörder überhaupt suchte, muß man sehr genau darauf achten, in welcher Weise die Ermittlungsarbeiten betrieben wurden.

Hans Holmér war inkompetent, die Ermittlungen im Palme-Mord zu leiten. Das ist, so glaube ich, offensichtlich. Ihm fehlten sowohl die erforderliche Ausbildung für eine solche Arbeit als auch die praktischen Erfahrungen. Holmér hat sich während seiner Karriere im Polizeipräsidium auf Kungsholmen nur in den Korridoren aufgehalten. Irgendeine praktische Polizeiarbeit hat er niemals ausgeübt. Er begann seine Karriere 1966 im Büro der Reichspolizeileitung, einer Abteilung mit rein administrativen Funktionen. Als Chef der Säpo von 1970–1976 hatte er keine Verantwortung für deren operative Tätigkeit. Auch als Bezirkspolizeichef von Stockholm bestand seine Arbeit zumeist in administrativen Tätigkeiten, z.B. der Diensteinteilung und der Mittelverteilung. Von Hause aus Jurist hatte er sich dennoch äußerst selten mit Verbrechen beschäftigt. Hans Holmér war ein „Papierpolizist".

Die Tatsache, daß er sich nach dem Mord an Olof Palme persönlich zum Leiter der Fahndung machte, ist im Polizeipräsidium selbst damit verglichen worden, daß ein Krankenhausdirektor höchstpersönlich zum Skalpell greift, nur weil ein Staatsminister auf dem Operationstisch liegt. So wie es besser ist, eine solche Arbeit den Chirurgen zu überlassen, wäre es besser gewesen, den Profis innerhalb der Polizei die Fahndungsleitung zuzuweisen. Das war allerdings nicht der Fall und deshalb muß Hans Holmérs Leistung danach beurteilt werden, was sie wert ist.

Gewiß wurde ein großes Maß an notwendiger und positiver Arbeit während der Ermittlung geleistet. Tausende von Hinweisen wurden entgegengenommen und katalogisiert. Viele von ihnen wurden überprüft und erledigt. Eine Anzahl von Routinekontrollen wurden systematisch durchgeführt, beispielsweise von gemieteten Autos in den Tagen vor und nach dem Mord. Arbeiten also, die die neue Fahndungsleitung nach dem Abgang Holmérs als Ausgangspunkt benutzen konnte.

Aber diese polizeiliche Basisarbeit ist nicht das, was Holmérs Ermittlungen kennzeichnet. Sie sind vielmehr von vier schwerwiegenden Fehlentscheidungen geprägt:

1. eine sorgfältige und unvoreingenommene Untersuchung des Tatortes und der Lebensverhältnisse des Mordopfers nicht durchzuführen

2. eine Komplottheorie zu entwickeln, die jeder Verbindung mit den Tatsachen entbehrt.

3. unschuldige Menschen einfach zu verdächtigen und dabei rechtsstaatliche Prinzipien außer Kraft zu setzen

4. alle diejenigen, die sein Vorgehen kritisierten, aus dem Weg zu räumen, und sich zu weigern, sachlichen Argumenten zugänglich zu sein.

194

Daß genau diese Fehlentscheidungen und nicht die gute Routinearbeit, die Ermittlungen prägten, kann derjenige auch quantitativ nachvollziehen, der Zugang zu den Arbeitsberichten hat. So wurden beispielsweise sechs Monate lang die Mehrheit der Polizeikräfte dazu abgeordert, Holmérs Hypothese von der „Hauptspur" zu beweisen. Diese Fehleinschätzung machte, so glaube ich, die Ergreifung des wirklichen Mörders unmöglich.

Ich will darlegen, worin diese vier Fehlentscheidungen in der Praxis bestanden. (Ein Großteil der folgenden Überlegungen ist bereits im Text ausführlich dargestellt worden, man blättere daher zurück und setze die Behauptungen in ihren jeweiligen Zusammenhang.) Die Unterlassung, sorgfältige und unvoreingenommene Untersuchungen am Tatort durchzuführen, ist, was mir berufserfahrene Polizisten bestätigten, ein grundlegendes Versäumnis bei den Ermittlungen in einem Mordfall. Sollte sich tatsächlich ein Mensch des Mordes bekennen, wie soll da die Polizei wissen, ob die betreffende Person überhaupt die Wahrheit sagt? Im Falle eines Mordes an einer bekannten Person ist es nicht ungewöhlich, daß sich Psychopathen oder von der Polizei unter Druck gesetzte Menschen sich des Mordes bezichtigen, ohne die Tat begangen zu haben.

Angenommen, einer der Kurden, die die Polizei so unerbittlich verfolgte, bräche unter dieser Anspannung zusammen und bekenne sich plötzlich schuldig. Wenn die Mordwaffe nicht eindeutig identifiziert ist und die Untersuchungen des Tatortes schlampig durchgeführt wurden und deshalb die technischen Beweise fehlen, wie soll da die Polizei und später die Staatsanwaltschaft und das Gericht wissen, ob das Geständnis nicht nur aufgrund eines Nervenzusammenbruchs abgelegt wurde?

Die kriminaltechnische Untersuchung eines Tatortes ist also die wichtigste Voraussetzung. In unserem Fall sind schon in der ersten Stunde grobe Fehler begangen worden,

unter anderem dadurch, daß die Polizei nicht ein hinreichend großes Gebiet um den Tatort herum absperrte. Die
Menschen konnten in der nahen Umgebung herumtram-
peln und Blumen in den kleinen abgesperrten Kreis wer-
fen, so daß der Tatort nicht mehr „intakt blieb", wie es in
der Polizeisprache heißt. Das kann man allerdings noch
nicht Hans Holmér anlasten, der die Fahndungsleitung
erst am Tag nach dem Mord, um 11 Uhr morgens, übernahm. Doch für alles, was danach geschah, ist Holmér
verantwortlich.

Die einzigen technischen Beweise von Wert, die gesi-
chert wurden, waren die beiden Kugeln. Ich habe in einem
früheren Kapitel gezeigt, daß es sich wahrscheinlich um
die Kugeln aus der Mordwaffe handelt, auch wenn einige
Fragen offen bleiben. Aber da sie als einzige gefunden
wurden, ist die Überprüfung um so wichtiger, ob die
Kugeln wirklich aus der Mordwaffe stammen. Man muß
alles das herausfinden, was diese Kugeln über den Mord
und den Mörder „erzählen" können.

Eine zentrale Frage für ein Urteil ist, wie die Schüsse
abgegeben wurden. Wenn die Schußrichtungen festgestellt
werden, kann nämlich auch die Frage beantwortet werden, ob der zweite Schuß, der Lisbet Palme leicht verletzte, Olof oder Lisbet Palme galt. Das sagt wiederum
einiges über die Absichten des Mörders aus und erleichtert
die Suche.

Der einzig sichere Weg, die Schußrichtungen zu bestimmen, wäre in diesem Fall gewesen, nach den Querschlägermarken an den Hauswänden um den Mordplatz herum
zu suchen. Der leitende Staatsanwalt Svensson bestand ja
darauf, nach den Markierungen zu suchen, wurde jedoch
von Hans Holmér daran gehindert.

Hans Holmér versuchte auch, wenn auch ohne Erfolg,
das Probeschießen der FOA zu unterbinden, das den
Ermittlungsbeamten Hinweise darüber liefern sollte, in

welcher Höhe an den Hauswänden man nach Querschlägermarken zu suchen hatte.

Anstatt also die Kugeln unvoreingenommen analysieren zu lassen, entschloß sich Holmér beinahe unmittelbar nach dem Fund, sie als die richtigen zu bezeichnen. Das zeigte er deutlich dadurch, daß er auf einer Pressekonferenz zwei Revolver des Typs Smith & Wesson vorführte. Das war an sich schon falsch; auch wenn die Kugeln die richtigen sind, gibt es keinen Hinweis darauf, daß die Mordwaffe mit Notwendigkeit eine Smith & Wesson war. Durch sein vorschnelles Entscheiden verhinderte Holmér, daß die Polizei nicht alle die Informationen bekam, die die Kugeln hätten geben können.

Der Abbruch der Suche nach dem „Grand-Mann" ist das nächste Beispiel dafür, daß Holmér nicht alle Informationen über den Tatort und den Weg des Mörders ermitteln wollte. Die Oberstaatsanwältin Solveig Riberdahl verlangte im September 1986, daß die Polizei aktiv nach den Zeugen suchen sollte, die etwas über den „Grand-Mann" berichten könnten, aber abgesehen von einer kleinen Suchaktion im Dezember wurde nicht ernsthaft nach den Zeugen gefahndet, solange Holmér seinen Posten innehatte.

Statt konkrete Untersuchungen am Tatort anzuordnen, ließ Holmér die verwirrenden Phantombilder anfertigen. Das erste Bild des „Mörders" hing mit einer Hypothese über den Fluchtweg des Mörders zusammen – eine Hypothese, die nicht durch Zeugenaussagen untermauert war. Das zweite Phantombild, der „Schatten", scheint vor allem deshalb zustande gekommen zu sein, um den Medien, auf die Holmér allzu sehr fixiert war, etwas präsentieren zu können. Einen sachlichen Grund für die Behauptung, Olof Palme sei von seiner Wohnung aus beschattet worden, gab es schließlich nicht.

Der zweite grundlegende Fehlgriff in den Ermittlungen

ist die Entwicklung einer Komplottheorie, die durch kein konkretes Ermittlungsergebnis über den Tatort oder das Mordopfer gestützt wurde. Die „Hauptspur" erweist sich insgesamt als ein reines Phantasiegebilde. Natürlich sollen Diskussionen über die möglichen Motive des Täters geführt werden – solange sie durch Fakten untermauert werden können. Sie tragen dazu bei, sich ein Bild über die Verhältnisse des Mordopfers zu verschaffen, was vielleicht auch konkrete Fahndungshinweise liefern könnte. Aber die Zielrichtung der Fahndung sollte nicht einfach durch ein nur *denkbares* Motiv bestimmt werden. Man nehme zum Beispiel die „Iran/Irak-Spur". Außer der Tatsache, daß Olof Palme Vermittler im Krieg zwischen den beiden Ländern war und daß ein schwedisches Unternehmen Waffen in das Gebiet schmuggelte, kann man ein halbes Dutzend denkbarer Mordmotive konstruieren. Es kann der Iran gewesen sein, der seinen Unmut darüber ausdrükken wollte, daß die Waffenlieferungen unterbunden werden sollten, es kann der Irak gewesen sein, der sich dafür rächen wollte, daß der Vermittler Schweden große Mengen an Kriegsmaterial an den Feind gehen ließ; es können Exiliraner gewesen sein, die Palme wegen der Waffenlieferungen an das Khomeiniregime aus dem Weg räumen wollten; es können Unternehmerkreise in Schweden gewesen sein, die sich ein lohnendes Geschäft nicht nehmen lassen wollten, usw.

Eine theoretische Diskussion über die Motive für diese Tat ohne konkrete Verbindung zum Tathergang kann überall hinführen – meist jedoch in die falsche Richtung. So geschah dies auch bei Holmérs „Hauptspur".

Der dritte Grund für den Zusammenbruch der Ermittlungen war Holmérs ständiges Bemühen, unschuldige Menschen wegen des Verbrechens festzunageln. Er unterband zweimal, möglicherweise dreimal, die Suche nach den Zeugen P. und N., die dem „33jährigen" ein Alibi geben konnten. Seine Haltung Rune als dem möglichen Täter gegenüber änderte sich auch nicht nach den Enthüllungen um die Fotokonfrontationen mit dem Zeugen B.; Enthüllungen, die den „Starzeugen" der Polizei schwächer leuchten ließen als ein schwarzes Loch im Universum.

Die gesamten Verdächtigungen gegen die Kurden tragen Züge eines gelenkten Komplotts – zunächst von seiten der Säpo und dann durch Holmérs unkritische Übernahme der Anschuldigungen in seine eigene Ermittlung. Der Versuch, Zeugen zu kaufen, Aussagen durch Schikane und Drohungen zu erpressen und der schmutzige Trick, zwei Mordermittlungen miteinander in Zusammenhang zu bringen, ist gleichbedeutend mit dem Versuch, unschuldige Menschen bewußt des Mordes an Olof Palme zu verdächtigen.

Diese grundlosen und schikanösen Fahndungsmethoden zeigen sich auch in den Rechtsübergriffen dem „33jährigen" und den Kurden gegenüber.

Es gab natürlich Kritiker in den eigenen Reihen der Polizei, die es nicht guthießen, wie Holmér die Ermittlungen leitete. Zunächst war es der leitende Staatsanwalt K. G. Svensson. Nachdem ich seine Rolle näher untersucht habe, bin ich zu dem Ergebnis gekommen, daß er nahezu dickköpfig und kompromißlos (etwa als Rune unnötigerweise einer Vielzahl von Zeugen gegenübergestellt werden sollte) um die Rechtssicherheit besorgt war und zugleich aktiv nach der Wahrheit im Mord an Olof Palme suchte. Dadurch wurde K. G. Svensson für Holmér untragbar und sollte um jeden Preis abgelöst werden. Das gelang durch List und Verleumdungen. So verbreitete Holmér in den Massenmedien, daß Svensson „nichts vom Druckausüben hielte", daß er „lahmarschig" sei und andere herabsetzende Formulierungen. Aber die Wahrheit hinter diesen Behauptungen ist nur K. G. Svenssons Weigerung, die Rechtsübergriffe Holmérs administrativ abzusichern.

Indem Holmér sich direkt an das Justizministerium wandte, wo man ihm vertraute und seine Entscheidungen deckte, gelang es, die Entscheidung K. G. Svenssons in der Frage der Gegenüberstellungen erneut überprüfen zu lassen, was von Svenssons Seite aus gesehen bereits ein Kompromiß mit der Linie Holmérs war. Der Reichsstaatsanwalt Magnus Sjöberg erwies sich als ohne Rückgrat dem Ministerium gegenüber und veranlaßte die gewünschte Überprüfung. Damit wurde es K. G. Svensson unmöglich gemacht, weiter als Leiter der Voruntersuchung zu arbeiten, und Holmér war es gelungen, das größte Hindernis auf seinem Weg zur uneingeschränkten Macht in den Ermittlungen beiseite zu räumen.

Die nachfolgende Staatsanwaltsgruppe stand Holmérs Rechtsübergriffen nicht so kompromißlos gegenüber wie K. G. Svensson. Das beruhte nicht darauf, daß diese vier Anwälte die Rechtssicherheit auf die leichte Schulter nahmen, sondern darauf, daß sie mit einer für die herrschenden Verhältnisse zweifelhaften Zielsetzung in das Ermittlungsverfahren eintraten: die Gegensätze zwischen Polizei und Staatsanwaltschaft nicht erneut zur Explosion zu führen.

Dieses Anliegen führte dazu, daß die neuen Staatsanwälte mehrere Fehl- und Übergriffe von seiten Holmérs übersahen. Sie steuerten zwar dagegen, wiesen aber Holmér nicht in seine Schranken, wie K. G. Svensson es getan hatte. Erst nach der Razzia gegen die Kurden am 20. Januar 1987 sahen sie schließlich ein, daß die Rechtssicherheit solange nicht aufrecht zu erhalten war, wie Holmér die polizeilichen Ermittlungen leitete, und stellten ein Ultimatum, das ihn ablösen sollte. Holmér antwortete auf seine gewohnte Art mit groben Verunglimpfungen vor allem gegen den Oberstaatsanwalt Claes Zeime, den er unter anderem „feige" nannte.

Auf sachliche Argumente gegen seine eigene Linie reagierte Holmér in seiner Ermittlungsarbeit nicht. Ein Beispiel ist die Beurteilung der „Hauptspur" durch die Staatsanwälte im Oktober. Obwohl dort der Wert von Holmérs Hauptspur mit Null angegeben wurde, machte Holmér unbeirrt weiter. Als die großangelegte „Operation Alpha" von Holmér und den Staatsanwälten diskutiert wurde, meinte Holmér, „man muß etwas wagen". Claes Zeime antwortete: „Feigheit oder Mut haben mit der Sache nichts zu tun, es gilt allein die Bewertung der Fakten".

Die Polizisten, die Kritik an Holmér äußerten, erfuhren dieselbe Behandlung wie Svensson; sie wurden unverzüglich entfernt. Die Folge war, daß Holmérs Fahndungsgruppe zu einem Hof von Jasagern wurde. Das ist auch der Grund dafür, warum sich meine Beschreibung der Polizeiermittlungen vor allem gegen Hans Holmér richtet und nicht gegen die Fahndungsleitung als Ganzes. Natürlich meine ich, daß die anderen Mitglieder der Fahndungsleitung auch die Verantwortung dafür tragen, daß die Ermittlungsarbeiten scheiterten. Schließlich handelt es sich in ihrem Fall ja nicht um schüchterne und zaghafte Kinder, sondern um erwachsene Menschen. Aber es war Holmér, der das Schiff der Ermittlungen auf Grund setzte, die anderen ließen sich nur widerspruchslos darauf ein, der „Order des Kapitäns zu folgen", um die Holmérsche Pressekonferenzsprache zu benutzen.

Die Fehlgriffe in der Ermittlung, die Holmér verfügte, waren weder unbeabsichtigt noch Zufall. Sie waren in der Mehrzahl der Fälle Resultat von bewußt gefaßten Beschlüssen. Der Beschluß, den Entlastungszeugen eines Verdächtigen nicht zu suchen, ist kein Zeichen von Inkompetenz – das ist Sabotage. Der Schluß aus diesen ganzen Überlegungen ist, daß Holmérs Handeln darauf abzielte, den tatsächlichen Mörder Olof Palmes nicht zu suchen. Das war eine bewußte und überdachte Entscheidung.

Aber warum? Ich bin auf allerlei Erklärungen gestoßen. Eine davon ist die Theorie von einer Verschwörung: Holmér weiß, wer der Mörder ist, und schützt ihn im eigenen oder eines unbekannten Auftraggebers Interesse. Das ist natürlich theoretisch möglich. Aber diskutiert man diese außerordentlich ernste Beschuldigung, darf man nicht in Hans Holmérs Untersuchungsmethode verfallen, lediglich Hypothesen ohne sachlichen Beleg in den Raum zu stellen. Ich habe für eine solche Verschwörung keinerlei Hinweise gefunden.

Ich glaube, wir sollten besser darauf achten, was die *Nichtsuche* des Mörders von Olof Palme de facto für Hans Holmér bedeutete. Und das ist einfach: Sie gab ihm Macht. Als gewöhnlicher Bezirkspolizeichef hatte er, etwas vereinfacht, nur Macht über einige Dienstgrade. Mit der Ermittlung des Mordes an Olof Palme betraut konnte er Schwedens größte, extra für diesen Fall zusammengezogene Polizeistreitkraft dorthin lenken, wohin es ihm gefiel. Er hatte jederzeit Zugang zu fast allen Massenmedien Schwedens. Er lenkte den weichen Justizminister Sten Wickbom und dessen Laufburschen Harald Fälth und Klas Bergenstrand so, als wären sie Zirkuspferde, die Angst vor dem Schlachthaus haben. Er steckte den Reichsstaatsanwalt Magnus Sjöberg in die Tasche, um ihn bei Bedarf hervorzuziehen, wenn z. B. aufmüpfige Staatsanwälte zurechtzuweisen waren, und er konnte sich über das Gesetz stellen und das Wohl und Wehe der Bürger in die Hände der Polizei legen.

Wenn der Mörder ergriffen worden wäre, hätte Holmér einen Orden und einen Glorienschein erhalten und wäre zum Reichspolizeichef befördert worden, eine Stellung mit höchster Besoldung und Referenzen, die sich sehen lassen könnten. Aber was wäre das schon verglichen mit der Machtposition, die er durch die Fahndungsleitung besaß? Für ihn war es besser, den Mörder nicht zu fangen.

Holmér bereitete sich auf eine lange Anwesenheit im Polizeipräsidium auf Kungsholmen vor. Er verschanzte sich mit seinem Troß im Palme-Raum und ließ extra eine Terrasse auf dem Dach des Polizeipräsidiums für die Zusammenkünfte im Sommer neu herrichten. Er umgab sich ständig mit einer Schar von Leibwächtern, die die Order hatten, das niedere Volk beiseite zu räumen, wenn es ihm bei den wenigen Ausflügen aus der einsamen Höhe des Präsidiums zu nahe kam. Es war die „permanente Ermittlung", die er plante.

Man kann einwenden, daß Holmér begriffen haben muß, daß dieser Traumzustand nicht ewig währen würde. Die Öffentlichkeit, die den Mörder ergriffen sehen wollte, würde schließlich seinen Rücktritt fordern, wenn Resultate ausblieben. Aber warum sollte er das glauben? Durch die Massenmedien konnte er die öffentliche Meinung in seinem Sinne beeinflussen. Als er am 3. September 1986 die versammelten Führer der Oppositionsparteien über sein Phantasiegebilde, „die Hauptspur", informierte, prägte er auch deren Meinung. „Schön, daß wir erfuhren, wie die Lage ist", kommentierte danach Olof Johansson von der Zentrumspartei. Auch der Führer der Kommunisten, Lars Werner, war zufrieden: „Ich erhielt Antworten auf eine Anzahl von Fragen."

Nicht einmal nachdem er von seinem Thron gestürzt worden war, zeigte Holmér Einsicht und begriff, was geschehen war. In den Tagen nach dem Fiasko mit der „Hauptspur" forderte er, die Ermittlungen gegen die Kurden fortsetzen zu dürfen. Und nachdem er auf eine bedeutungslose Stabsfunktion gesetzt worden war, ging er mit seiner Rücktrittsdrohung zum Staatsminister, als ob er mit ihm gleichgestellt sei. Einige, mit denen ich während meiner Recherchen gesprochen habe, haben über das „Phänomen Holmér" psychologisieren wollen. Aber das ist nicht notwendig. Holmér wurde Macht verliehen und er hat sie gierig ergriffen. Daß sie verliehen war und nicht von seiner eigenen Stellung und Persönlichkeit ausging, zeigt die Tatsache, daß er durch einen einfachen Beschluß abgesetzt werden konnte, wenn auch nach verschiedenen Verhandlungsschlichen seitens der Regierung. Aber wenn jemandem Macht überantwortet wird, dann gibt es per Definition auch einen, der diese Macht übergibt. Und das ist die Regierung von Schweden. Es war die Regierung, die Holmérs Machtposition dadurch sanktionierte, daß sie ihn in dem wirklich entscheidenden Augenblick der Ermittlungen unterstützte: als der Staatsanwalt K. G. Svensson sich weigerte, den „33jährigen" durch eine Unzahl bedeutungsloser Zeugengegenüberstellungen erniedrigen zu lassen. Das war der Wendepunkt der ganzen Ermittlung. Durch das Eingreifen von Justizminister Sten Wickbom, von Staatssekretär Harald Fälth und vom Gerichtsvorsitzenden Johann Munck in den Kompetenzbereich von K. G. Svensson wurde Hans Holmérs uneingeschränkte Macht in der Ermittlung zementiert. Diese Macht nutzte Holmér dann in seinem Krieg gegen die unschuldigen Kurden rücksichtslos aus.

Justizminister Sten Wickbom war natürlich in alles eingeweiht. Er wurde regelmäßig von Hans Holmér über den Stand der Ermittlungen informiert. Im Frühjahr trafen sie sich alle 14 Tage zu stundenlangen Gesprächen. Wickbom vermied dagegen systematisch, sich auch von K. G. Svensson unterrichten zu lassen. Es geschah kein einziges Mal, daß Wickbom Svensson allein zu sich rief. Auch wenn spekuliert wird, daß Hans Holmér Wickbom bei diesen regelmäßigen Treffen desinformierte, war Wickboms Stellvertreter, Klas Bergenstrand, bei zwei Dritteln aller Zusammenkünfte, die die Fahndungsleitung im Laufe von 1986 abhielt, anwesend und dessen Stellvertreter wiederum, Kurt Malmström, war bei den meisten der übrigen Treffen zugegen. Wickbom wußte also auf jeden Fall Bescheid.

Sten Wickbom räumte den einzigen, der die Fahndung hätte wirklich leiten können, aus dem Weg und ermöglichte dem, von dem er wußte, daß er die Fahndung auf Abwege führte, uneingeschränkte Machtbefugnis. Damit liegt die tatsächliche Verantwortung für den Mißerfolg der Ermittlung im Mord an Olof Palme bei der Regierung selbst.

Aber es reicht nicht aus, allein persönliche Motive als Ursache für die Fahndungspannen anzunehmen. Sie erklären in hohem Maße Holmérs Verhalten, aber nicht die Zustimmung der Regierung zu seinem selbstherrlichen Umgang mit der Macht. Ich glaube vielmehr, daß es ein stilles Übereinkommen darüber gab, keine unvoreingenommene Fahndung durchzuführen. Eine solche konsequente Jagd nach dem oder den Mörder(n) hätte die Fahnder unfehlbar in die verschiedenen miteinander konkurrierenden Polizei-, Sicherheits- und Nachrichtenorganisationen des Landes und in die innersten Winkel der Staatsverwaltung geführt. Damit ist nicht gesagt, daß Holmér oder irgendein anderer hoher Entscheidungsträger wissen, wer der Mörder ist.

Vielleicht kann man jedoch folgende Überlegung anstellen: Der Mörder wäre sicherlich längst ermittelt, festgenommen und verurteilt, wenn es sich um einen der Öffentlichkeit präsentierbaren Mörder gehandelt hätte. Aber wenn er tatsächlich an der „falschen" Stelle gesucht werden müßte, das heißt möglicherweise in den eigenen Reihen, nahm die Polizeiführung und die Regierung lieber davon Abstand, ihn zu ergreifen. In gewissen Korridoren blieben die Türen für die ermittelnde Polizei verschlossen. Die Schutzmechanismen innerhalb der Staatsverwaltung schnappen automatisch zu.

Einige Steine dreht man nicht um.

23. Kapitel
Der Einzeltäter

Bis zur Stunde ist den Polizeifahndern der Mörder Olof
Palmes eine vollkommen unbekannte Person. Sie haben
nicht die geringste Spur eines namentlich bekannten Mannes, der auf irgendeine Art und Weise verdächtigt werden
könnte, mit dem Mord etwas zu tun zu haben. Nachdem
Hans Holmér die Ermittlungen aus den Händen genommen wurden, sind einige systematischere Polizeiarbeiten
durchgeführt worden. Nachdem die Aussagen über den
sogenannten „Grand-Mann" überprüft worden waren,
wuchs das Wissen über den unbekannten Mann, der Olof
Palme getötet hat, ein wenig. Aber all das führte bisher,
wie gesagt, die Polizei nicht näher an einen *Namen* heran.

Obwohl es heikel ist, darüber zu spekulieren, wer der
Mörder sein könnte, will ich meine Kenntnis über den
Mord zu logischen Überlegungen verwenden, in welcher
Gruppe von Menschen der Mörder gesucht werden
könnte. Ich möchte zwei alternative Theorien vorlegen.
Die eine weist auf eine eher triviale Lösung hin, ein unge-
planter, spontan durchgeführter Mord, während die
andere, die eines geplanten Mordes, einen erschreckenden
Hintergrund enthüllt. Aber der Leser muß sich klar dar-
über sein, daß ich genau so wenig wie die Polizei einen
Mörder präsentieren kann. Ich will zum Mordabend zu-
rückkehren.

Nichts deutet darauf hin, daß das Ehepaar Palme von
seiner Wohnung aus beschattet wurde. Es gibt darüber
keine Beobachtungen. Die Zeugenaussagen über Olofs
und Lisbets Spaziergang und die Fahrt mit der U-Bahn

zwischen ihrer Wohnung in der Altstadt und dem Kino „Grand" sprechen eher vom Gegenteil – sie gingen allein, ohne Verfolger. Hinzu kommt ein logischer Schluß, der in dieselbe Richtung weist: Eine Beschattung von der Wohnung aus hätte zahlreiche Personen erfordert, ein und dieselbe Person könnte nicht eine kontinuierliche Überwachung des Staatsministers gewährleistet haben. Olof und Lisbet verlassen die Wohnung gegen 20 Minuten vor neun am Abend, ein Zeitpunkt, wo kein Mensch ohne Kenntnis ihrer Kinopläne hätte erwarten können, daß sie ohne Leibwächter ausgehen würden. Eine Beschattung hätte demnach vorausgesetzt, daß ein Mitglied aus der Mörderbande dennoch in der kalten Winternacht (minus acht Grad) auf der Lauer gelegen hätte. Nein, der Staatsminister wurde auf dem Weg zum Kino nicht beschattet.

Damit ergeben sich zwei Alternativen. Entweder erhielt der Mörder über den Kinobesuch einen Tip, oder er entdeckte den Staatsminister zufälligerweise. In meiner ersten Theorie – über den ungeplanten Mord – gehe ich von dieser zweiten Alternative aus; vom Zufall.

Da man nur von wenigen Menschen erwarten darf, daß sie den Staatsminister Schwedens umbringen wollen, und wahrscheinlich noch weniger potentielle Staatsministermörder ständig mit einem Revolver – groß wie eine Kanone – in der Tasche herumlaufen, muß man annehmen, daß der Mörder sah, wie Olof Palme ins Kino ging, und da erst beschloß, den Staatsminister zu erschießen. Er hatte also rund zwei Stunden Zeit, die Waffe zu holen. Hieraus kann man den Schluß ziehen, daß sich die Waffe an einem Ort befand, der in einer Stunde vom Kino aus erreichbar war, ansonsten hätte es der Mörder nicht geschafft, rechtzeitig zum Ende der Kinovorstellung zurück zu sein. Die Waffe befand sich also im Stadtgebiet von Stockholm. Die Mordwaffe kann dem Mörder selbst gehört und bei ihm zu Hause gelegen haben, sie kann aber auch von einem Schützenverein oder einer extremistischen Organisation mit eigenem Waffenversteck stammen. Da einige Anstrengungen von der Polizei unternommen wurden, die registrierten Revolver vom Kaliber .357 Magnum zu überprüfen, verringert sich die Möglichkeit, daß der Revolver einem Schützenverein gehörte. Eine nicht registrierte Waffe ist deshalb wahrscheinlicher. Der Gedanke an ein „Waffenversteck" hat etwas von einem Agentenroman an sich, ich glaube eher, daß sich der Revolver beim Mörder zu Hause befand. Wenn also der Mord ungeplant war, ging der Mörder – oder nahm die U-Bahn –, um den Revolver von zu Hause zu holen.

Wo kann der Mörder Olof Palme entdeckt haben? Wahrscheinlich nicht, bevor das Ehepaar Palme die U-Bahnstation Rådmansgatan verließ, also ein kurzes Stück vom Kino entfernt. Man erinnere sich an die Aussage des Zeugen K., daß „Olof und Lisbet Palme allein auf dem Bahnsteig waren". Die größte Ansammlung von Menschen, auf die Olof und Lisbet Palme dann treffen, befindet sich gegebenermaßen vor dem Kino. Es handelt sich um die Menschen, die aus dem Kino nach der Siebenuhrvorstellung herausströmen, und um jene, die auf dem Weg in die spätere Abendvorstellung sind. Es wurden an diesem Abend vier verschiedene Filme im Kino „Grand" gezeigt, so daß die Ansammlung von Kinobesuchern gegen neun Uhr abends sehr groß war.

Die Polizei hat viel Mühe aufgewandt, die Kinobesucher zu vernehmen, die sich zusammen mit dem Ehepaar Palme im Saal befanden. Das war natürlich richtig. Aber es ist wenig wahrscheinlich, daß der Mörder zusammen mit Olof und Lisbet Palme im selben Kinosaal gesessen hat, das setzt ja voraus, daß er den Revolver bei sich hatte. Wahrscheinlicher ist, daß er umkehrte, als er die beiden bemerkte (um seine Waffe zu holen), oder daß er auf sie stieß, nachdem er eine der Siebenuhrvorstellungen verlassen hatte. Die Polizei hat nach den Besuchern einer der früheren Kinovorstellungen nicht geforscht.

Wenn die Zeugenaussagen über den „Grand-Mann" den Mann beschreiben, der später Olof Palme erschoß, steht der Mörder vor dem Kino und wartet auf das Ende der späten Abendvorstellung. Danach folgt er Olof und Lisbet Palme in Richtung Süden, auf der westlichen Seite des Sveavägen. Hierüber gibt es mehrere Zeugenaussagen, wie ich früher aufgeführt habe. Die Zeugenangaben deuten auch darauf hin, daß er den Sveavägen nicht eher überquerte, als Olof und Lisbet Palme dies in Höhe der Adolf Fredriks kyrkogata taten. Unmittelbar vor der Kreuzung zur Tunnelgatan stellt er sich dann auf und wartet auf das Ehepaar Palme. Und dort erschießt er Olof Palme.

Vom Tatort gibt es mehrere Zeugenaussagen über den Mörder, aus denen man bestimmte Schlüsse ziehen kann. Der Mörder stellt sich fünf bis sechs Meter von der Tunnelgatan entfernt auf. Er blickt kein einziges Mal in die Gasse, die später sein Fluchtweg werden soll. Von seiner Position aus hat er nicht die geringste Möglichkeit, in die Gasse hineinzusehen. Er hat also keine Ahnung davon, was ihn auf seinem Fluchtweg erwarten wird – wenn er sie nicht von früher her kennt.

Die Tatsache, daß die Tunnelgatan ein idealer Fluchtweg war, kann Zufall gewesen sein, aber der Mörder kann auch eine bewußte Wahl getroffen haben. Man muß bedenken, daß der Mörder schon vorher eine gute Gelegenheit hatte, Olof Palme zu erschießen, nämlich als das Ehepaar den Friedhof der Adolf Fredriks-Kirche passierte. Wenn es eine bewußte Wahl war, besaß der Mann gute Ortskenntnisse.

Wenn wir also annehmen, daß der Mörder nach Hause fuhr, um die Mordwaffe zu holen, bedeutet das, daß er mit großer Wahrscheinlichkeit in Stockholm wohnt. Die Wahl des Tatortes deutet darauf hin, daß er wohl im Zentrum zu

Hause ist. Vielleicht arbeitet oder wohnt er in der Umgebung dieses Viertels.

Weiterhin sind die Beobachtungen über die Kleidung des Mörders bedeutsam. Aus zwei Besonderheiten der Kleidung kann man bestimmte Schlüsse ziehen. Der Mann trug – nach beinahe gleichlautenden Zeugenaussagen – eine „dreiviertellange" Jacke oder einen jackenähnlichen Mantel. Das Kleidungsstück reichte allemal über die Hüften des Mannes, hinab bis zu den Knien oder darüber. Eine solche Jacke erschwert das Laufen. Wenn der Mord geplant war, wären Details wie die Kleidung des Mörders bei der Vorbereitung des Anschlages wichtig. Dieser Mörder ist „falsch" gekleidet. Das läßt mich glauben, daß der Mord eine impulsive Tat war. Die Schuhe des Mörders bestärken mich in dem Glauben. Hier sind die Zeugenaussagen nicht so übereinstimmend, aber der Zeuge L., der besonderes Augenmerk auf die Schuhe und die Fersen legte, sagt, daß der Mann Halbschuhe trug. Wenn der Mörder das Attentat rechtzeitig geplant hätte, würde er kaum Halbschuhe gewählt haben. Mit Hinsicht auf die glatten Stockholmer Straßen wären Joggingschuhe vernünftiger gewesen.

Das Verhalten des Mörders nach den Schüssen ist ebenfalls bemerkenswert. Er verharrt unnötig lange am Tatort. Dann trottet er um den sterbenden Olof Palme herum und entfernt sich ruhig vom Platz, bevor er schließlich in einen Laufschritt fällt. Das ist als ein sehr „cooles" Verhalten eingeschätzt worden, als Verhalten eines Profikillers, der die Situation voll unter Kontrolle hat. Aber ich möchte den Spieß umdrehen. Warum sollte ein professioneller Mörder das Risiko vergrößern, festgenommen zu werden und dadurch seine Auftraggeber zu gefährden. Ein professioneller Täter wäre so schnell wie möglich geflohen, bevor irgendjemand reagieren und die Polizei alarmieren konnte. Man erinnere sich, daß ein Streifenwagen den

Fluchtweg des Mörders auf der Malmskillnadsgatan nur rund zehn Sekunden vorher kreuzte. Wenn es dem Zeugen L. gelungen wäre, den Notruf 90 000 zu erreichen, während der Mörder sich noch am Tatort befand, wäre dieser vielleicht sogar sofort gefaßt worden. Die Spanne Zeit, um davon zu kommen, war gering.

Das Verweilen des Täters am Mordplatz deutet eher darauf hin, daß dem Mörder die Flucht nicht so wichtig war. Das wichtigste war für ihn, den Staatsminister erschoßen zu haben. Er rechnete wohl damit, gefaßt zu werden. Aber als er merkt, daß der Weg frei ist, reißt er sich zusammen und trottet von dannen. Er hat dann obendrein noch Glück und entkommt. Ich glaube, daß der Mörder ganz einfach zu einer größeren Straße lief, sich unter das Volk mischte und sich dann nach Hause begab.

Der Mörder, den ich hier beschrieben habe, ist ein allein handelnder Mensch, der aus irgendeinem Grund spontan beschloß, Olof Palme zu ermorden, als sich ihm plötzlich eine Möglichkeit dafür bot. Er kann z.B. ein Mann sein, der mit dem Gesetz in Konflikt gekommen war und all sein Unglück auf den ersten Vertreter des Staates schob, ein politischer Extremist (z.B. ein Neonazi, der der nur verbalen Kampagnen gegen Olof Palme überdrüssig geworden war) oder eine Person mit anderen Motiven. Wenn dieser Mensch noch am Leben ist und es ihm gelingt zu schweigen, wird er sehr schwer zu fassen sein.

24. Kapitel
Die Säpo

Meine Theorie über einen geplanten Mord an Olof Palme stützt sich auf eine Verwicklung der Säpo in die Ereignisse, auf einer bestimmten Stufe des Geschehens. Dieser Verdacht gründet sich auf zwei unabhängig voneinander geschehene, sich aber gegenseitig verstärkende Ereignisse, die beide eine Verbindung mit dem Palme-Mord nahelegen.

Das eine ist großenteils schon bekannt: Im Januar und Februar 1986, also in den Monaten vor dem Mord, berichtet ein russisch-jugoslawischer ehemaliger Söldner, B., der Säpo, daß er ein Angebot erhalten habe, Olof Palme zu ermorden. Das Angebot sei von einem Amerikaner gekommen, den er zum ersten Mal vor vielen Jahren in Libyen getroffen habe. Auf diesen Mann sei er seitdem bei einigen anderen Gelegenheiten gestoßen. B. betrachtet ihn als CIA-Agenten.

Im November 1985 trifft B. den Amerikaner im Zentrum Stockholms, und sie gehen in das Hotel „Continental" in der Klara Vattugränd. Während des Gesprächs im Hotel bietet der Amerikaner B. zwei Millionen US-Dollar für die Ermordung Olof Palmes. Das Angebot wird bei einem neuen Treffen im Januar 1986 erneuert.

Der Wahrheitsgehalt dieser Geschichte ist in Frage gestellt worden. Die Anwesenheit des Amerikaners in Schweden zu diesen Zeitpunkten ist überprüft und bestätigt worden, aber über das Gespräch zwischem ihm und B. gibt es nur B.'s eigene Darstellung. Unabhängig davon, was an der Erzählung wahr ist, hat B. de facto die Säpo alarmiert, daß das Leben Olof Palmes bedroht ist. Er selbst gibt an, daß er mit dem Säpo-Mann A. K. telefoniert habe, was dieser allerdings abstreitet. A. K. gibt zwar einen Kontakt mit B. zu, behauptet aber, dieser sei erst nach dem Mord geknüpft worden. A.K. ist der Säpo-Mann, der hinter dem „Terroristenbericht" gegen die Kurden steckt, und später die Begründung für Hans Holmérs „Hauptspur" gegen die Kurden lieferte. A. K. war in der Nacht, als Olof Palme ermordet wurde, der diensthabende Säpo-Chef.

Aber B. gibt sich nicht damit zufrieden, nur die Säpo zu informieren. Er wendet sich auch an den Verwaltungsrat Inger Båvner, zu dem er von früher her in einem ganz anderen Zusammenhang Verbindung hatte. Es gelingt ihm aber nicht, Inger Båvner persönlich zu sprechen, trägt jedoch die Warnung, daß Olof Palmes Leben in Gefahr sei, einem Beamten in Båvners Abteilung vor. Dies geschieht am 8. Februar 1986, drei Wochen vor dem Mord. Sowohl Inger Båvner als auch der Beamte bestätigen mir diese Tatsachen. Daß B. tatsächlich eine solche Warnung vorgetragen hat, steht daher außer Zweifel, was seine Behauptung bekräftigt, daß er vor und nicht nach dem Mord auch Kontakt zur Säpo aufgenommen hatte.

Die andere Geschichte betrifft den anhaltenden „Krieg" zwischen Schwedens zwei verschiedenen Sicherheitsdiensten, der Sektion für besondere Erkundigungen (schwedisch: Sektionen för särskild inhämtning, SSI) und der Sicherheitsabteilung der Reichspolizeileitung (RPS/Säk oder kurz Säpo). Es ist nötig, einige Bemerkungen zur SSI zu machen: Sie ist ein militärischer Nachrichtendienst, der zur Operationssektion 5 des Verteidigungsstabes gehört, unter anderem neben dem Sicherheitsdienst des Verteidigungsstabes. Die SSI hat nur geheimgehaltene Angestellte, keiner von ihnen befindet sich in den Listen des Militärs. Ihre Aufgabe ist, Informationen über das Ausland zu sammeln, die für Schweden von militärischem Interesse sind. Die SSI wurde gebildet, nachdem deren Vorgänger IB von der Zeitschrift „Folket i Bild/Kulturfront" 1973 enttarnt worden war. Die Enthüllung betraf in erster Linie nicht die nachrichtendienstliche Tätigkeit im Ausland, sondern die Tatsache, daß der IB auch Angaben über schwedische Bürger sammelte – also auch nach innen tätig war.

Nach der Enthüllung wurde ein besonderer Untersuchungsausschuß eingesetzt, der die parlamentarische Kontrolle über die Tätigkeit des IB ausüben sollte. Diese Kontrolle sollte die Spionage nach innen künftig verhindern.

Aber einige der alten IB-Agenten befinden sich noch im Dienst der SSI und das Mißtrauen gegenüber der Fähigkeit der Säpo, die Kontrolle der Einwohner Schwedens durchzuführen, ist groß. Es gibt also eine Rivalität zwischen den beiden Organisationen, die Konflikte verursacht. Eine dieser „Kriegsfronten" zwischen der SSI und der Säpo verläuft gefährlich nahe am Tatort und wird sowohl von Säpo-Leuten als auch von einer Anzahl Rechtsextremisten in Schweden gebildet.

Die ersten Details dieser merkwürdigen Geschichte deckten der Reporter Stefan Borg und ich in einer Artikelserie im „Aftonbladet" im Mai 1987 auf. Wir konnten berichten, daß ein Reichstagsstenograf, der unter anderem auch im Außenamt tätig war, enge Kontakte zu einem 47jährigen Rechtsextremisten unterhielt. Dieser Rechtsextremist hatte eine Vergangenheit in der Leitung der Demokratischen Allianz, einer Organisation, die bis 1975 aktiv Propaganda für die Kriegsführung der USA in Vietnam betrieben hat.

Dieser 47jährige Rechtsextremist hatte am 20. Februar 1986, also acht Tage vor dem Mord, einen Zeitungsausschnitt mit der Überschrift „Dr. Olof Palme tot", das Wort „Doktor" war durchgestrichen, in der Regierungskanzlei Rosenbad für Olof Palme hinterlassen. Die Überschrift des Ausschnitts betraf ursprünglich einen Verwandten und Namensvetter Olof Palmes, der 1918 in Finnland starb. Der „47jährige" hatte außerdem vier Tage vorher, am 16. Februar, Olof Palme aufgesucht, als dieser an einer Gedächtnisfeier für Alva Myrdal teilnahm, und hinterher einem Bekannten mitgeteilt, daß Olof Palme unbewacht war. Der „47jährige" hatte außerdem in einem Gespräch gegenüber einem anderen Bekannten rund eine Woche vorher geäußert, daß Olof Palme „um jeden Preis aus dem Weg geräumt werden muß", und dann hinzugefügt, daß Olof Palme zumindest in ein UNO-Amt verschwinden solle.

Der „47jährige" bemerkte auch in einem Brief, geschrieben im Januar 1986, daß „der Verräter dort landen soll, wo er zu Hause ist – in der Hölle".

Die Kontakte zwischen dem „47jährigen" und dem Reichstagsstenografen wurden durch einen persönlichen Brief offengelegt. Der Stenograf hatte am 10. Februar 1986 ein „Gutachten" für den „47jährigen" über dessen gutes politisches Urteil geschrieben. Diesen Brief hatte der „47jährige" aber auf verschiedene Weise verbreitet, was dem Stenografen Sorgen bereitete, da seine Arbeit im Außenamt einen empfindlichen Bereich berührte und als vertraulich eingestuft war. Daß seine Verbindung mit einem bekannten Rechtsextremisten auf diese Weise öffentlich wurde, kam ihm ungelegen.

Als Stefan Borg und ich das bemerkenswerte Treiben des „47jährigen" um Olof Palme, *bevor* dieser erschossen wurde, enthüllten und außerdem über die dokumentierte Verbindung zwischen dem Reichstagsstenografen und dem „47jährigen" berichteten, wurde die Situation für den Stenografen unhaltbar. Er offenbarte, daß er der Säpo seit geraumer Zeit über den „47jährigen" berichtete und forderte von der Säpo, diese Angabe zu bestätigen. Das wurde vom Säpo-Mann S. J. getan. Dieser erklärte Ende

Mai 1987, daß der Stenograf seit August 1986 mit der Säpo Kontakt hatte. Diese Aussage wurde dann vom Säpo-Chef Sven-Åke Hjälmroth in den Massenmedien bestätigt.

Auch das Außenministerium forderte nach Erscheinen der Artikel in „Aftonbladet" von der Säpo eine Erklärung. Schon im Frühsommer 1986 hatte das Außenministerium von den Kontakten des Reichstagsstenografen mit Rechtsextremisten Kenntnis erlangt. Die Leitung des Außenministeriums zeigte sich beunruhigt darüber, daß der Stenograf geheime Mitteilungen über die Außenpolitik an seine rechtsextremistischen Freunde weitergeben könnte, und bat die Säpo, die Gerüchte, die über ihn existierten, zu überprüfen. Aber das Ergebnis der Überprüfung ließ auf sich warten. Als das Außenamt nachfragte, was mehrere Male geschah, antwortete die Säpo nur, daß „die Ermittlung im Gange ist". Erst als Stefan Borg und ich die Geschichte ein Jahr später offenlegten, erhielt das Außenamt von der Säpo eine Antwort, die bestätigte: Der Stenograf war seit August 1986 Informant der Säpo, eine Tatsache, die die Säpo offenbar dem Außenamt nicht offenbaren wollte. Aber trotz dieser Erklärung, die von Säpo-Chef Hjälmroth selbst abgegeben wurde, reagierte Außenminister Sten Andersson außerordentlich heftig. Er schien mit der Erklärung sehr unzufrieden zu sein. Für einen Außenstehenden war die Reaktion des Außenministers unbegreiflich, und auch die Massenmedien fanden keine Erklärung dafür.

Der verborgene Grund für Sten Anderssons Zorn war, daß die Säpo ihn angelogen hatte. Deshalb will ich berichten, wie sich die Geschichte über die Säpo und den Reichstagsstenografen wirklich zutrug.

Schon vor dem Mord an Olof Palme wird der 47jährige Rechtsextremist von Sicherheitsbeamten überwacht. Aber nicht nur von einer Organisation, sondern von beiden – der Säpo und der SSI. Nachdem der „47jährige" die Regierungskanzlei am 20. Februar 1986 aufgesucht hat, um aus unbekanntem Grund verschiedene Papiere zu überreichen (unter anderem den Ausschnitt über Olof Palmes Tod und den persönlichen Brief des Reichstagsstenografen) wird er doppelt beobachtet. Der Hintergrund für das große Interesse, das sowohl die Säpo als auch die SSI an ihm haben, sind seine intensiven Kontakte zu Arabern in Schweden, unter anderem zu Menschen, die enge Kontakte zur libyschen Botschaft hatten, und die merkwürdigen Gerüchte, die er über verschiedene Personen verbreitete.

Das Interesse der Säpo gründet sich außerdem auf Angaben, die sie über den „47jährigen" von dem Reichstagsstenografen erhielt. Die Verbindungen des Reichstagsstenografen zur Säpo reichen nämlich bedeutend weiter zurück als bis zum August 1986, dem Zeitpunkt, den Sven-Åke Hjälmroth angibt. Die ersten Kontakte wurden mehr als drei Jahre vorher geknüpft, genauer am 13. Juni 1983. An dem Tag trafen sich der Stenograf und der Säpo-Mann S. J. Der Stenograf berichtete von seinen Kontakten zum „47jährigen" und war sich unschlüssig, wie er weiter agieren sollte. S. J. bat ihn daraufhin, ihn regelmäßig über den „47jährigen" zu informieren. Seit diesem Datum wurde der Stenograf Infiltrant der Säpo in den schwedischen rechtsextremistischen Kreisen.

Daß der Reichstagsstenograf schließlich enttarnt wurde, beruht darauf, daß der persönliche Brief, den er dem „47jährigen" schrieb, bekannt wurde. Der Brief wurde auf Anraten der Säpo geschrieben. Der „47jährige" hatte den Stenografen um das „Gutachten" gebeten, und die Säpo wollte nicht, daß der „47jährige" im Falle einer Weigerung mißtrauisch würde.

Als dann Olof Palme ermordet wird, wächst das Interesse an dem 47jährigen Rechtsextremisten. Die SSI gelangt in den Besitz einiger Papiere, die ihm gehören. Unter ihnen befindet sich der persönliche Brief des Reichstagsstenografen. Erst da erhält die SSI von dieser Verbindung Kenntnis. Dies wird an die Säpo weitergeleitet, die Angaben dieser Art eigentlich nachgehen soll. Aber der SSI-Mann, der den Brief in die Hände bekommt, liefert seinen Bericht auch direkt an das Außenamt ab. Dort ist man sich unschlüssig, wie man den Bericht deuten soll, man wendet sich daher an die Säpo und bittet, die ganze Geschichte zu überprüfen. Die Säpo erhält also von zwei verschiedenen Seiten den Bericht, zum einen von der SSI und zum anderen vom Außenamt.

Aber die Säpo verschleppt die Überprüfung des Reichstagsstenografen trotz mehrerer Ermahnungen vom Außenamt über ein Jahr. Der Mann sitzt immer noch auf seinem Posten und das Außenamt möchte gerne einen endgültigen Bescheid bekommen. Doch daß die Säpo keine eindeutige Auskunft über den Stenografen geben will, ist nicht schwer zu verstehen: Es ist unmöglich, die Angelegenheit zu leugnen, der persönliche Brief des Stenografen an den „47jährigen" beweist ja, daß es eine Verbindung zwischen ihnen gibt. Sagt man die halbe Wahrheit, daß der Stenograf enge Kontakte zur extremen Rechten unterhält, erschwert man die Lage des Informanten. Sagt man die ganze Wahrheit: daß der Mann außerdem seit mehreren Jahren im Dienst der Säpo steht, wird Sten Andersson an die Decke gehen – ein „Säpo-Agent" anwesend bei den Konferenzen im Außenministerium! Da ist es besser, zu schweigen und darauf hinzuweisen, daß „die Ermittlung noch im Gange ist".

Aber als Teile dieser Geschichte von Stefan Borg und mir im „Aftonbladet" aufgedeckt werden, wird die Säpo sowohl vom Stenografen selbst als auch vom Außenministerium gezwungen, sich zu der Sache zu äußern. Zu dieser Zeit hat das Außenministerium noch keine Ahnung davon, daß der Stenograf Säpo-Informant ist. Das wird erst offenkundig, als der Säpo-Mann S. J. die Tatsache in den Medien bestätigt. Das Außenministerium kontaktiert daraufhin den Säpo-Chef Sven-Åke Hjälmroth persönlich und fragt, ob das wahr sei. Hjälmroth kontrolliert die Angaben bei seinem Untergebenen S. J. und meldet sich wieder beim Außenamt mit der Bestätigung: „Ja, der Reichstagsstenograf lieferte uns seit August 1986 Informationen." Das beruhigt zunächst Außenminister Sten Andersson, der nun seinerseits die Angaben in den Medien bekräftigt. Alles schien damit eitle Freude und Wonne zu sein, die Säpo-Kontakte des Stenografen können ja so aufgefaßt werden, daß er nur seine staatsbürgerliche Pflicht erfüllte, als er nach dem Mord an Olof Palme der Säpo über das merkwürdige Verhalten des 47jährigen Rechtsextremisten berichtete.

Aber danach vernehmen die Beamten des Außenministeriums den Reichstagsstenografen selbst. Dabei erzählt der Mann die Wahrheit: Er ist seit 1983 Säpo-Informant gewesen. Das ließ Sten Andersson „explodieren". Die Säpo hat ihn angelogen und hat ihn gleichzeitig damit zum Narren gemacht, daß man ihn mit der Unwahrheit vor die Presse treten ließ. Außerdem hat er ohne es zu wissen vier Jahre lang einen Säpo-Informanten bei den Konferenzen des Außenministeriums dabei gehabt. Zwar gibt sowohl der Stenograf als auch die Säpo an, daß die Kontakte zwischen ihnen nur der Informationsbeschaffung über Aktivitäten der Rechtsextremisten dienten, aber vielleicht lügt die Säpo auch in diesem Punkt.

Daher der für die Öffentlichkeit und die Massenmedien unbegreifliche Zorn Sten Anderssons über den Bericht der Säpo.

Das Ergebnis ist: Sven-Åke Hjälmroth wird unverzüglich ins Außenministerium zitiert. Aber Hjälmroth weist die Schuld von sich – er habe den Minister nach bestem Wissen und Gewissen informiert. Hjälmroth behauptet also, von seinen Untergebenen in die Irre geleitet worden zu sein, genauer von Säpo-Mann S. J. Diese Erklärung wird trotz einiger Bedenken vom Außenministerium akzeptiert.

Aber wenn es tatsächlich so ist, wie Hjälmroth sagt, ist die Geschichte eigentlich noch ernster. Das bedeutet nämlich, daß einzelne Säpo-Leute oder Gruppierungen in der Säpo ohne Kenntnis der Leitung auf eigene Faust handeln. Diesen unkontrollierten Säpo-Kräften gelang es, die äußerst geheimen Konferenzen des Außenministeriums zu infiltrieren – auch für Außenminister Sten Andersson ein vollkommen unakzeptabler Zustand. Er fordert mit allem Nachdruck eine zuverlässige Säuberung innerhalb der Säpo. Andere zwielichtige Tätigkeiten der Säpo, die in der letzten Zeit unternommen wurden, tragen zu Sten Anderssons kritischer Haltung bei. Am 10. September 1987 beschließt die Regierung eine „Überprüfung der Arbeitsweise, Ausrichtung und Organisation der Säpo durch einen parlamentarischen Ausschuß".

Dieser Regierungsbeschluß hatte ein bemerkenswertes Vorspiel, das vielleicht zeigt, welche Kräfte innerhalb der Säpo sich von der abzusehenden parlamentarischen Untersuchung herausgefordert fühlten. In der Woche vor dem Regierungsbeschluß enthüllt „Svenska Dagbladet", daß eine 57jährige Privatperson Informationen über schwedische Bürger auf Anweisung der SSI gesammelt hat. Dies sei ungesetzlich, empört sich die Zeitung.

Der größte Teil der Enthüllung besteht jedoch aus Angaben, die der Reporter von „Svenska Dagbladet" vom „57jährigen" selbst erfahren hatte. Es ist unter anderem all das Material, das er über die Kontakte des Reichstagsstenografen zu Rechtsextremisten erhalten hat, Informationen, die auch an die SSI, die Säpo und das Außenministerium geliefert worden waren. Dieses Material hatte „Svenska Dagbladet" in Form von geheimen Quellenmaterial erhalten. Die Zeitung verwandte die Angaben zunächst als Hintergrundmaterial für ihre Artikelserie über den Reichstagsstenografen und dann, um die Arbeit des „57jährigen" für die SSI zu enttarnen. Man gab die eigene Quelle preis, ein Vorgehen, das wohl kaum dazu beiträgt, daß „Svenska Dagbladet" künftig besseren Zugang zu geheimen Informationen erhalten wird.

Aber „Svenska Dagbladet" hatte nicht nur die Angaben des „57jährigen" als Grundlage für die „Aufdeckung" der Innenspionage der SSI benutzt. Die Reporter der Zeitung wurden auch mit diversen Behauptungen (die oft den Charakter von unbewiesenem Klatsch hatten) durch einzelne Säpo-Leute gefüttert. Einer von ihnen war der Säpo-Mann A. K. Diese Säpo-Leute verfolgten meiner Meinung nach das Ziel, im Skandal um den Reichstagsstenografen die Aufmerksamkeit weg von der Säpo auf die SSI zu lenken. Die SSI hatte – ohne es selbst zu wissen – einen geheimen Informanten der Säpo enttarnt und damit auch den Finger auf merkwürdige Intrigen innerhalb der Säpo gelegt.

„Svenska Dagbladet" und sein Reporter ließen sich in diesem Spiel ausnutzen. Es ist möglich, daß seitens der SSI Ungesetzlichkeiten begangen wurden. Das wird derzeit von einem Staatsanwalt untersucht. Die gesamte Tätigkeit der SSI ist sicherlich auch einen Hintergrundbericht wert. Aber in unserem Zusammenhang ist die Säpo die Organisation, die am meisten zu verbergen hatte.

Die Frage ist daher, warum die Säpo über ihre Kontakte zu dem Reichstagsstenografen log und welche Interessen dabei innerhalb der Säpo im Spiel waren? Dem Außenministerium wahrheitsgemäß zu berichten, daß der Stenograf seit 1983 der Informant der Säpo in rechtsextremistischen Kreisen in Schweden gewesen ist, hätte wohl kaum besondere Unannehmlichkeiten bereitet, auch wenn das zu einer Reihe von Fragen von seiten des Außenministeriums geführt hätte. Der näher liegende Schluß ist deshalb, daß die Säpo verheimlichen wollte, daß man den Zugang des

Reichstagsstenografen zu geheimen Informationen und Quellen des Außenministeriums zu eigenen Zwecken anwenden wollte.

Dieses Bild wird dadurch verstärkt, daß es Hinweise auf eine interne Gruppierung innerhalb der Säpo gibt, die den Kontakt zum Stenografen unterhielt. Vermutlich sprach Sven-Åke Hjälmroth nicht bewußt die Unwahrheit, als er behauptete, daß die Kontakte zwischen dem Stenografen und der Säpo erst im August 1986 geknüpft worden waren. Er war von Säpo-Mann S. J. in die Irre geführt worden, der damit offenbarte, daß es nicht nur dem Außenministerium gegenüber, sondern auch der eigenen Säpo-Leitung etwas zu verbergen gab. Wenn man dazu in Betracht zieht, daß es der Säpo-Mann A. K. war, der die Desinformations-kampagne von „Svenska Dagbladet" gegen die SSI organi-sierte, liegt die Annahme auf der Hand, daß auch er zu dieser unkontrolliert handelnden Gruppe von Säpo-Män-nern gehört. In wessen Interesse diese Gruppe handelt, muß nun von Journalisten und von dem parlamentarischen Ausschuß untersucht werden.

A. K. kündigte zum Jahreswechsel 1986/87 bei der Säpo und gründete einen privaten Sicherheitsdienst unter ande-ren zusammen mit P. G. Vinge, Säpo-Chef bis zum Jahre 1970. Vinge war damals gezwungen worden, seinen Posten bei der Säpo aufzugeben, als über ihn behauptet wurde, er habe Olof Palme ein Sicherheitsrisiko genannt. Mehrere andere führende Säpo-Männer haben im letzten Jahr ebenfalls ihren Dienst quittiert.

Diese Geschichte muß nun aber mit dem Mord an Olof Palme in Verbindung gebracht werden. Die wirklich bemerkenswerte Aussage über den 47jährigen Rechtsex-tremisten ist, daß er unmittelbar vor Olof Palmes Ermor-dung bei vier Gelegenheiten den bevorstehenden Tod des Staatsministers ankündigte. Nichts deutet darauf hin, daß er persönlich in den Mord verwickelt ist. Aber sein Verhalten kann so gedeutet werden, daß er Hinweise auf das geplante Attentat besaß.

Auf diese Person verwandte die Säpo besonderes Interesse, einmal durch ihren Informanten, den Reichstagsstenografen, der regelmäßig über ihn berichtete, zum anderen durch Säpo-Männer, die zur Beschattung auf ihn angesetzt waren. Wenn er im voraus etwas von dem Plan wußte, woher hat er seine Angaben erhalten? Und wie kommt es, daß die Säpo behauptet, daß es vor dem Anschlag keine Morddrohungen gegen Olof Palme gegeben habe, obwohl der „47jährige" zu dieser Zeit intensiv überwacht wurde? Unter anderem war die Säpo zugegen, als der „47jährige" am 20. Februar die kryptische Mitteilung „Olof Palme ist tot" überbrachte. Da er der Säpo dieser intensiven Überwachung wert schien, hätte man logischerweise diese „Warnung" ernst nehmen müssen.

Die Säpo wurde also zweimal – von dem Söldner B. und durch die eigene Überwachung des 47jährigen Rechtsextremisten – im voraus über den bevorstehenden Tod Olof Palmes gewarnt, ließ diesen dennoch unbewacht. Ich habe weiter oben gefragt, ob und woher der Mörder Olof Palmes wissen konnte, daß das Ehepaar Palme ins Kino gehen würde. Die einzige Organisation, die das wissen konnte, war die Säpo. Die Säpo wußte, daß Olof Palme an diesem Abend unbewacht war. Die Säpo konnte Olof Palmes Telefon abgehört haben – es war die Säpo, die die Verantwortung für die Sicherheit der Wohnung des Ehepaars Palme trug, und bis heute haben wir nur das Wort der Säpo, daß Palmes Telefongespräche nicht abgehört wurden.

Und schließlich war es die Säpo, die Holmérs Ermittlungen auf die Kurden lenkte, wodurch dem Mörder ein weiteres halbes Jahr Vorsprung gegeben wurde.

Wenn die Regierung die notwendige Säuberung innerhalb der Säpo veranlaßt, muß auch eine besondere Untersuchung über deren mögliche Verwicklung in den Mord an dem Staatsminister Olof Palme durchgeführt werden.